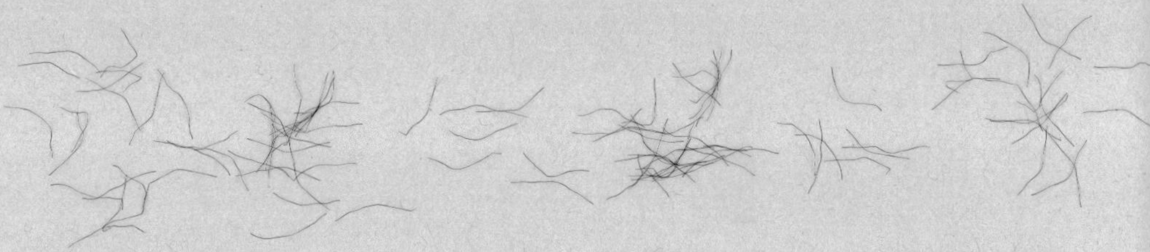

국정 리더의 길

대통령과의 만남과 지도자의 자세

오연천 지음

UUP

국정 리더의 길
– 대통령과의 만남과 지도자의 자세 –

▪ 2023년 09월 27일 초판 발행
▪ 지은이 오연천
▪ 펴낸이 오연천
▪ 펴낸곳 UUP.(울산대학교출판부) 44610 울산광역시 남구 대학로 93(무거동) 울산대학교 출판부
▪ 전화 (052)259-2488 팩스 (052)277-3011 ▪ 홈페이지 http://uup.ulsan.ac.kr
▪ 출판등록 제370-1996-000001호(1996.3.13)
▪ ₩ 12,000

ISBN 979.11.6726.031.4 (03300)

이 책을 쓰게 된 동기와 구성

필자는 1983년 9월 서울대학교 행정대학원 조교수에 임용되어 2023년 9월 현재 40년간 교직을 이어오고 있다. 30여 년 공공경제, 재정관리, 예산정책, 공기업 영역에서 강의 · 연구에 매진하며 자연스럽게 공공부문 정책 · 행정 현장을 살필 수 있는 기회를 가졌고, 이 과정에서 많은 공직자들과 교류를 가졌다.

중견공무원을 양성하고 정부정책을 연구하는 행정대학원 교수로 재직하였던 경험은 자연스럽게 정부와 국회의 실상을 이해하고 공적 제도의 본질을 파악하면서 바람직한 공직상에 관한 시각을 축적하는 기회가 되었다. 점차 관료기구의 역할에 국한하지 않고 관료기구를 지휘하는 내각, 대통령을 포함한 선출직 공직자의 리더십에 눈을 뜨기 시작했다.

40년 기간 중 보고, 듣고, 느끼고, 겪었던 체험을 정리해 기록하고 싶은 의욕이 이 책을 펴내게 된 동기라고 말할 수 있다. 그동안 겪은 일들이 비록 사소한 것일 수도 있고 사적 해석에 치우칠 수도 있지만, 정부부문의 리더십을 이해하는 데 도움이 될 수 있다고 판단하여 책을 펴내는 용기를 접지 않았다. 다만 필자의 전공이 「정치적 리더십」과는 거리가 있는 재정부문이라는 점에서 리더십의 기본 개념과 기초 명제가 결여된 상태에서 관찰하고 느꼈던 것을 회고해 정리했다는 점에서 상당한 한계를 노정하고 있다는 점을 밝히지 않을 수 없다. 어떻게 보면 이론적 토대를 갖추지 않은 상태에서 서술했기에 평범한 독자들이 이해하기에 수월할 수도 있다는 데 위안을 삼아 출판을 결심하였다.

이 책의 앞부분에서 김영삼 대통령부터 시작해 여섯 분의 대통령과의 만남 또는 접촉했던 일을 기록했다. 대학교수가 여섯 분의 대통령과 어떤 연유에서 이건 만날 수 있었다는 사실 자체가 평범한 일이 아니었다. 그분들과의 접촉이 만남인지, 조우인지, 스침인지를 단정하기는 어렵지만 그분들이 기억하지 못하고 의식하지 않았더라도 필자는 「만남」이라는 표현을 빈번히 사용했고, 「만남」이라는 표현을 쓰기가 거북할 경우 「조우 또는 스침」이라는 어휘를 사용했다. 이분들과의 조우에서 느꼈던 소감을 「국가지도자」라는 그릇의 틀 속에서 서술하고자 노력하였다.

2장(章)에서는 대통령을 주축으로 한 선출직 공직자가 기본적으로 어떤 기준과 자세에서 국가이익과 국민편익을 창출해야 하는지를 「실질적(본질적) 정당성」 개념을 중심으로 서술했다. 3장(章)에서는 이러한 논의의 틀 속에서 선출직 공직자의 마음가짐을 보편적 「리더십」 시각에서 다루었다. 여기에서 언급한 지도자론은 비단 대통령을 포함한 정치지도자에 국한하는 것이 아니고 기업, 사회단체 등 우리사회의 지도자 상(像)과 상당 부분 일맥상통하는 내용이라고 말할 수 있다.

4장(章)에서는 대표적 선출직 공직자인 대통령직에 초점을 맞춰, 재임 기간 중 주력해야 할 핵심정책의 선택과 실행을 포함한 국정수행에 있어 참고할 필요가 있는 명제들을 선별하여 서술했다. 논리적 체계와 이론적 맥락에 맞추어 서술했다기보다는 필자의 주관적 안목에 기초하여 기술하였다.

마지막 장에서는 바람직한 국정 리더를 선출하는 국민의 책무를 강조하면서 국가적 가치증대를 이룰 수 있는 비전과 정책을 실현할 안목과 역량을 갖추고 있는지를 꼼꼼히 살펴볼 것을 제안했다.

상당수 주제들은 필자가 이미 언론 기고를 통해 언급했던 내용의 일부를 이 책의 흐름에 맞춰 재정리했다. 대부분의 주제와 주장이 당위론적 입장에서 펼쳐진 것이어서 일부 내용 간에 중복과 모순이 존재할 수 있다는 점에 독자들의 넓은 혜량을 기대한다.

마지막으로 특정 정당이나 특정인을 옹호하거나 비판하려는 의도는 전혀 없지만, 혹시라도 의미를 해석하는 과정에서 그러한 오해를 배제할 수 없다면, 무엇인가 의미를 부여하는 데 집착하는 학자로서 글 쓰는 과정에서 자기중심적 사고를 벗어나지 못하는 부덕(不德)의 소치로 이해해 줄 것을 기대한다.

목 차

제2장 국민을 위한 공복(公僕)의 길

제3장 국정 리더의 마음가짐

제4장 국정 리더가 주력해야 할 과업

1장

대통령과의 만남

01

서술의 방향

여섯 대통령과의 만남 또는 마주침을 서술하는 일은 결코 간단하지 않다. 그분들은 기억하지 못할 일 또는 평범한 일과 중의 하나일 뿐인 것을 개인적 기억을 통해 서술하는 과정에서 필자의 호기심과 주관, 그리고 오류와 편견이 개입할 여지가 존재하기 때문이다.

필자는 이러한 어려움을 줄이기 위해 몇 가지 기준에 따라 그분들과 접한 사실을 서술하고 의미를 부여하는 노력을 경주했다.

첫째, 인간은 누구나 장점 · 단점을 공유하고 있는 것처럼 대통령의 지위를 가진 분 역시 다양한 시각과 해석이 병존하고 있다. 이런 양면성이 존재하지만 필자는 일부 부정적 관점이 엄존하더라도 가급적 긍정적 시각에서 서술하는 데 주력했다.

둘째, 필자가 기억하고 생각할 수 있는 범위 내에서 객관적 서술에 주력했지만 글 쓰는 이의 주관적 관점이 내재되어 있을 수밖에 없음을 부인할 수 없다.

셋째, 대통령들과의 만나고 스친 사실이 존재하지만 사실을 서술하는 과정에서 나름대로의 상상력(dramatization)이 작용해 있을 소지가 크다. 특히 그분들의 정치적 무게를 의식하면서 호기심이 가미된 스토리텔링에 다가서려는 내적 동기가 무의식적으로 잠재되어 있음을 밝히지 않을 수 없다.

마지막으로, 이분들의 동의를 받지 않고 서술한 데 대한 책임을 안고 있다. 세 분은 이미 고인이시지만, 다른 세 분의 경우 동의를 받지 않은 것은 국민 대다수가 인식하는 국가 최고책임공직에 계셨던 분이라는 점에서 그분들에 대한 서술은 어느 면에서 공개적 영역이라고 간주했기 때문이다.

02

김영삼 대통령

1. 김영삼 총재의 학자초청 간담회 참석
2. 김영삼 총재 주관「조세정책토론회」주제 발표

1. 김영삼 총재의 학자초청 간담회 참석

1988년 서울대학교 부교수 시절, 외국어대학교 최광 교수(후일 보건복지부 장관 역임)로부터 교수 몇 분과 함께 통일민주당 김영삼 총재를 모시고 간담회를 개최하니 참석할 의향을 물어왔다. 30년 야당 원로이며 "서울대 문리과대학 대선배인 김영삼 총재가 부르는 자리라면 영광입니다"라고 쾌히 응낙했다. 당시 서울역 뒤편 중림동 통일민주당 당사가 있는 건물에 소재한 중국요리집에서 5~6명의 교수가 참석한 가운데 간담회가 이루어졌다. 교수들은 경제 · 재정 · 행정 분야의 40대 교수들이었는데 아마도 김 총재가 대선을 염두에 두고 교수들을 자문그룹으로 활용하고자 초청한듯했다.

김 총재는 교수들의 전문 영역별 의견에 경청하는 태도였지만 특별한 코멘트나 제안은 없었던 것으로 보아 토론 내용보다는 교수들과 대화하며 품에 안으려는 듯한 인상을 받았다. 당시 야당 총재였던 김 총재는 여권의 정치 성향이나 정치적 이슈에 대해서는 열렬히 의견을 개진했다. 개별적 정책 이슈보다는 국민들의 정부에 대한 기대에 비추어 정부의 대응이 취약하다고 비판하면서 정치적 이슈에 더 많은 관심을 갖고 있는 것으로 느꼈다. 토론 시간 1시간보다, 1시간 반에 걸친 점심시간이 더욱 활력 있는 소통이 이루어졌다고 기억한다. 자리에서 일어나면서 김 총재가 일일이 깊은 감사의 인사를 건네는 것을 보면서 사람을 편히 대해주는 지도자형임을 느꼈다. 그러기에 한번 만나면 YS맨이 되는 이유를 이해할 수 있었다.

2. 김영삼 총재 주관 「조세정책토론회」 주제 발표

1) 실무자의 착오로 공식회의에 지각 참석

1989년 가을 통일민주당(당시 제1야당) 사무처 정책연구실(?) 중간 간부 한 분이 전화를 걸어와, 당이 주관하는 '조세정책 토론회'에서 주제발표를 해 달라고 요청했다. 이미 통일민주당과 관계가 있는 절친한 교수 한 분이 나에게 참여를 부탁한 바 있기에 당황하지 않고 응하겠다고 답했다. 그분은 일정이 최종 확정되지 않았으니 확정되면 연락을 주겠다고 했다. 나는 그 당시 의욕적으로 세제개혁을 추진하는 재무부 「세제개혁 위원회」 총괄분과 위원회(위원장, 차병권 서울대 교수) 소속 위원으로 「국세와 지방세의 조정에 관한 연구」의 주(主) 책임자로 참여하고 있어 세제개편에 대한 내용과 문제점 등을 이미 소상히 파악하고 있던 터라 큰 부담을 느끼지 않고 발표 내용을 정리해 놓았다.

그 뒤 특별한 확인 연락이 없어서 계획이 무산된 것으로 알고 추가적 발표 준비 노력을 기울이지 않았다. 그런데 2주쯤 지나 오전 10시경 여의도 집 근처에서 운동을 하고 있는데 파출부 아주머니가 황급히 달려와 어떤 분이 "큰일 났다"고 빨리 전화를 해달라고 했다고 전했다. 전화를 걸었더니 2주 전 통화했던 통일민주당 정책 파트의 중간 간부였다. "10시부터 토론회가 진행되는데 의원들과 청중들이 기다리고 있다"는 것이었다. 최종 통보를 해준다더니 왜 안 했느냐고 물었더니 "깜빡했다"고 했다. 즉시 마포 공덕동 로터리에 있는 통일민주당 당사로 향했다. 그나마 다행인 것은 여의도 집에서 마포 당사까지 전속력으로 15분 만에 당도할 수 있는 거리였다는 것이다. 당사 앞에 도착해서 너무나 놀랐던 것은 당이 입주해 있는 공덕동 로터리 고층건물에 '경축 : 서울대 오연천 교수 초청, 세제개혁 토론회'라는 현수막이 길게 걸려 있었다. 순간 황망했다. 이렇게 대대적인 토론회라면 미리 확인해 줄 것이지...... 너무나 안타까웠다.

출처 : 서울특별시 홈페이지

1980년대 후반 공덕동 로터리 통일민주당 당사가 있던 건물

2) 의원총회 수준을 능가하는 토론회장

30분 늦게 회의장에 들어가니 김영삼 총재가 앞자리 가운데에 좌정해 있고 검은색 정장의 수십 명 의원들이 질서 정연하게 앉아 있었다. 그 순간 놀랐던 것은 김영삼 총재가 30분 늦게 시작된 토론회에서 미동도 안 하고 정면을 응시하고 있다는 것이었다. 나는 40분 내외로 세제개혁의 방향을 설명하고 소득, 소비, 재산 세제별로 현안을 설명했다. 앞으로 우리나라 세제의 재원조달 기능과 부담의 형평성을 제고하기 위해 소득과세의 역할을 늘리고 소비세제의 정비방법에 대해서 설명했다. 사실 김 총재와 몇몇 의원만 발표 내용을 응시할 뿐 많은 의원들이 발표

도중 앉았다 일어났다 하고 전화를 받으러 분주하게 움직이고 있었지만, 김 총재는 시종일관 자세를 흩트리지 않고 발표 내용을 경청했다. 순간, "리더는 다르구나. 저 모습이 김 총재를 지금껏 민주화 과정의 난관을 극복하고 우뚝 솟게 한 저력이구나"라고 느꼈다.

3) 김 총재의 부가가치세 폐지 질문

주제발표가 끝나자 김 총재가 첫 번째 질문을 했다. "오 교수, 상인들이 부가가치세에 대해 아주 불만이 많은데 앞으로 있을 세제 개편 시 부가가치세를 없애면 안 되는가요?"라고 단도직입적으로 언급했다. 김 총재는 부가가치세가 도입된 1977년, 새로운 합리적 소비 세제개편에 대한 중소상공인들의 반발이 심한 결과, 1979년 부마항쟁 배경의 하나로도 작용했고, 부마항쟁 수습을 둘러싸고 김재규 중앙정보부장과 차지철 경호실장의 충돌이 결국 박정희 대통령 시해 사건으로 전개된 전모를 명확히 파악하고 있는 듯했다. 이러한 문제 인식의 연장선상에서 1980년대까지 부가가치세 도입에 부정적 시각을 가진 사람이 한두 분이 아니었다.

나는 "부가가치세에 대한 일부 부정적 인식이 존재하고 있지만 부가가치세는 우리나라 국세 수입의 35% 이상을 점유하고 있어 폐지는 현실적 대안이 될 수 없습니다. 재정의 35%에 상당하는 세수입을 다른 곳에서 확보할 수 없는 한 폐지는 불가능하고 논의 자체가 신뢰를 잃을 수 있습니다. 부가가치세 폐지를 주장하려면 우리나라 국군을 상당 수준 감축하거나 공무원 인력과 보수를 삭감한다는 공약이라도 내걸어야 타당성이 있을 수 있습니다. 그리고 부가가치세는 과거의 영업세, 물품세 등 7개 개별 소비세를 단일의 일반소비세로 전환한 것입니다. 이 세제 개편으로 우리나라 세제의 재원조달 기능이 정비됨으로써 현재의 정부 기능을 유지하는 데 긴요한 역할을 했음을 인정해야 합니다.[1] 부가가치세에 대한 납세자들의 불만과 부가가치세 존속의 문제는 별개로 접근해야 할 사안입니다"라고 답했다.

4) 중후한 포용의 자세와 이어진 오찬 자리

부가가치세 폐지문제와 관련해 예의 바른 태도로 답변을 했지만, 30대 후반의 젊은 교수가 차기 대통령 후보로 유력한 분 앞에서 그분의 의도와 배경을 전혀 고려하지 않은 채 당당히 소신을 토로했음에도, 불쾌한 표정을 짓지 않고 "앞으로 우리 당의 세제개편 작업에 많은 조언을 주세요"라며 별다른 이의 제기를 하지 않았다. 나는 이때 「중후한 지도자는 정치적 논쟁이 아닌 한 자신의 의견과 다른 주장 앞에서도 수용(또는 포용)하는 자세를 견지하는 것」임을 깊이 숙지했다. 박관용 의원(후일 국회의장), 김동영 의원을 비롯한 서너 분의 질의를 받은 후 대토론회는 끝났다.

---

1) 필자의 박사논문은 「부가가치세의 도입에 관한 효과 분석」이었다.

토론회가 끝난 후 김 총재는 마포당사 뒷골목의 소탈한 고깃집으로 점심 초대를 했다. 젊은 교수를 위해 원로 정치인이 이렇게 점심 자리까지 마련해 주는데 몸 둘 바를 몰랐다. 몇몇 당 간부도 함께한 오찬 자리에서 김 총재는 유머를 많이 하며 참석자들을 편안히 대해주었다. 김 총재는 고기만 들고 공깃밥을 옆으로 밀어 놓으면서, "저 고깃집 아지매, 밥 많이 묵어 저렇게 뚱보가 된 거야"라며 소년다운 웃음을 짓기도 했다. 젊은 교수가 어떤 이유에서든 30분이나 늦었는데 이에 관해 끝까지 아무 말씀을 안 하시는데다가 그분의 질문에 단도직입적으로 「옳지 않다」는 답변을 했음에도 발표자에게 이의를 달지 않는 모습을 보고 대인(大人)의 풍모를 느꼈다.

5) 3당 통합 보도에 접하면서

이 일이 있은 지 몇 달 후인 1990년 1월 22일 통일민주당이 노태우 대통령의 민정당, 김종필 총재의 신민주공화당과 새로운 「민자당」 깃발 하에 대통합한다는 보도를 접했다. 나는 "대권을 위해서는 김 총재가 저런 단안을 내릴 수밖에 없겠구나" 하는 생각이 들었다. 총재와 의원들이 참석하는 대토론회를 준비하면서 사무국 중간 간부가 주제발표 일시조차 제대로 확인하지 못하는 취약한 당의 시스템을 확인했던 필자로서는 김 총재가 자신의 정당만으로는 정권 창출이 어렵다고 판단, 정당 역량을 높이고 지지기반 확대의 당위성을 느꼈을 것이라고 상상했다. 더 나아가서 본인이 일관되게 배척했던 전두환 군부정권의 연장선상에 있는 노태우 대통령의 집권 여당과 통합한다는 자기모순을 내포한 정치적 결단은 아마도 「호랑이를 잡으려면 호랑이굴에 들어가야 한다」는 김 총재 특유의 정치적 모험심이 그 배경에 깔려있을 것으로 추측했다.

다음 해 김영삼 대통령의 당선 소식을 접하는 순간 '30분 지각한 대토론회 참석'의 아찔했던 순간이 거듭 머리를 스쳤다.

출처 : e영상역사관 홈페이지

1990년초, 민주자유당 창당 기념식 [왼쪽부터 김영삼 통일민주당 총재, 노태우 대통령(민주정의당 총재), 김종필 신민주공화당 총재]

03

김대중 대통령

1. 평민당 의원총회 초청강연에서 김대중 총재 조우
2. 김대중 이사장의 서울대 초청 강연
3. 김대중 대통령 주재 「기획예산위원회」 참석

1. 평민당 의원총회 초청강연에서 김대중 총재 조우

1) 이해찬 의원이 「예산안 심의방향」 강의 요청

1989년 10월 서울대학교 부교수 시절, 이해찬 평민당 의원이 연구실로 전화를 걸어왔다. 정기국회 기간 중 개최되는 평민당 의원총회에서 '새해 예산안 심의의 논점과 방향'을 주제로 특별 강연을 해 달라는 요청이었다. 이해찬 의원이 연락한 것은 그 당시 원내부총무(의사 담당)직을 맡고 있었기 때문이다. 예산을 전공하는 초년 학자로서 그러한 제안을 받은 것을 긍정적으로 생각했다. 매년 정부예산안에 대해 심층적으로 검토해야 논문도 쓰고 강의 사례로 활용할 수 있는데 마침 새해 예산안에 대해 본격적인 분석을 할 기회가 생긴 셈이었다.

일주일간 정부예산안을 분석하고 의원총회 발표 요지를 준비했다. 야당의 의원총회에서 강의하는 위상에 걸 맞춰 성의 있는 발표 내용을 정리하기 위해 예산실 사무관, 과장들을 여러 차례 만나 핵심과제와 쟁점을 숙지하고 정부의 포지션을 확인하면서 야당의 합리적 대안을 찾는데 주력했다. 이 과정에서 예산실 공무원들을 상대로 정부 입장에 집착하지 않고 야당의 시각에서 제시할 필요가 있는 대안에 대해서 허심탄회한 대화를 나눔으로써 야당의 입장에서 실효성 있는 제안을 발표할 수 있었다.

2) 야당 예산심의 방식에 대한 비판에 의원들의 반발

1989년 11월 3일, 이해찬 의원의 유시민 보좌관(후일 노무현 대통령 시절, 보건복지부 장관 역임)이 서울대학교 관악캠퍼스로 와서 나를 직접 국회로 데리고 갔다. 국회에서 열린 평민당 의원총회의 단상에 김대중 총재가 앉아 있고, 총재의 인사말이 끝나고 나서 내가 한 시간 정도 특별강연을 했다. 아마 91년 말 치러질 대통령 선거를 앞두고 평민당이 수권정당의 면모를 보이는 노력의 일환으로 정부예산안에 대해 당론을 정립하는 과정인 듯했다.

나는 성의껏 준비해 간 새해 예산안에 대한 분석 · 평가, 그리고 그 특징을 조목조목 설명했다. 강의 후반에 "평민당이 정부

예산안에 대한 대안 제시 노력이 부진하다"라고 언급하면서, 소관 상임위별로 산만하게 예산안의 부적합성을 지적하며 당이 요구하는 사업을 반영하려고 할 뿐 실제 정부예산안의 구조 개선을 위한 정책 기조를 제시하는 체계적 노력이 미흡하다고 진단했다. 나는 "평민당이 체계적인 예산분석과 국민들의 보편적 이익을 증진시킬 수 있는 합리적인 예산안 심의를 대안적 차원에서 진행해야 한다"라고 강조했다.

강연이 진행되는 도중에 의원들이 수군수군하는 소리가 들렸다. 평민당이 주장하는 복지국가 건설과 관련해서 "국민 조세부담의 증대를 대안으로 제시해야 복지국가의 틀을 만들어 갈 수 있는데, 평민당은 조세부담 삭감을 당론으로 정한 상태에서 저소득층과 열악 계층을 위해 예산을 대폭 증액해야 한다고 주장하고 있다. 이런 주장은 자기모순이다"라고 지적하는 순간, 앞줄에 앉아 있던 김봉호 정책위 의장을 비롯해 여러 의원이 일어나, "오 교수의 주장은 당론과 배치된다"라며 "오 교수 강의 그만하라"라고 외쳤다. 소동을 지켜보는 순간 당혹감을 금하기 어려웠다.

3) 김 총재, 의원들의 소란 진정

장내가 소란해지자 김대중 총재가 일어나, "조용히 하세요. 우리가 초청해서 온 강사한테 이렇게 하면 안 돼요. 끝까지 듣고 질의하면 되지요"라며 장내를 정리했고 나는 발표를 계속했다.

마지막으로 "평민당이 수권정당으로 거듭나기 위해서는 새해 예산안에 대한 대안적 비판을 제시하는 참신함을 보여주어야 한다"라는 언급으로 마무리했다.

나는 김대중 총재의 장내 정리 솜씨에 탄복했다. 아마도 큰 꿈을 갖고 계신 분이시니, "초청받은 젊은 교수 한 사람이 고조되어 자기 목소리를 강하게 내는구나"라고 생각하셨을 듯하다. 다만 발표 도중 소리를 지르신 분들을 이해할 수 없었다. 내가 이곳에 오겠다고 해서 온 것도 아니고 의원들의 예산심의에 도움이 될 수 있는 쟁점을 설명하라고 해서 왔을 뿐인데…, 만일 평민당 입장을 우호적으로 평가하며 잘하고 있다고 격려를 한다면 강연을 할 이유가 없었을 것이다. 발표 내용의 관점이 당론과 다르면 "질문을 통해 지적하는 것이 대의민주주의 토론 정신에 맞는 것일 텐데"라고 생각하며 속으로 푸념을 삼켰다. 그날 오후 한 주요 일간지 '여록' 란에 평민당 의원총회 강연이 보도되기도 했다.

의원총회에서 일어난 예상하지 못한 소란을 겪는 대가를 치른 대신 김대중 총재를 직접 뵐 수 있는 기회를 가졌고, 이를 통해 그분의 당내 지도력과 원숙한 마무리를 직접 목도하게 되었다. 필자에게 항의하는 의원들을 짧은 시간 내에 진정시키며 초청강사를 존중하는 저력은 한 정당의 수장에서 벗어나 국가지도자로 부상하게 하는 씨앗이 될 것이라고 생각했다.

東亞日報 1989年11月3日 金曜日 (2)

餘錄

"次期政權의 핵심" 鄭의원 자주거론 추측 난무

예산심의 중요성 강조
◇ 민주 공화 양당의 예산연계 투쟁 방식에 강한 불만을 표시해 온 평민당은 3일 오전 재정학 전공의 학자를 초청, 전의원이 참석하는 세미나를 개최하는 등 예산국회 준비에 충실. 이날 김대중 총재는 인사말을 통해 "우리 당 의원들이 국정감사에서 올린 성과를 이제는 입법과 예산에 반영, 유종의 결실을 거둬야 할 때"라면서 "당초 국회의 사명은 왕이 자의적으로 세금 걷는 것을 견제하는 것이 아니었느냐"는 말로 예산심의의 중요성을 강조.

<중략>

한편 이날 강의를 맡은 오연천 교수(서울대행정대학원)는 강의 서두에 "이 자리는 평민당이 예산심의에 적극적인 태도를 갖고 있다는 상징적 의미가 있는 것 같다"고 한마디.

<1989년 11월 3일자 동아일보 여록>

4) 「평민당 예산심의 기조」에 대한 정책보고서 작성

의원총회 발표가 인연이 되어 얼마 후 평민당 정책연구실의 이강래 실장(후일 정무수석비서관, 국회의원 역임)으로부터 평민당이 예산심의 과정에서 제안할 정부 제출 예산안에 대한 대안(환언하면, 증액 · 삭감 안)을 마련해 달라는 '연구과제 제안'을 받았다. 아마도 그 당시 상황으로는 야당이 내실 있는 예산심의를 위해 학자에게 연구용역을 주는 일이 처음이었을 것으로 추정했다. 여당이면 몰라도 정책 인력이 부족한 야당이 요구해왔고 의원총회에서 강연을 한 적도 있기에 쾌히 응낙했다. 더 나아가서 이강래 실장이 서울대학교 행정대학원 박사과정에 재학 중인 사실도 응낙에 한몫을 했다.

나는 야당이 삭감을 기대하는 항목 중에서 삭감의 근거가 있다고 판단되는 정부안을 심층 분석한 후 삭감 대상 항목을 찾아냈고, 야당이 증액을 요구하는 항목 중에서는 보편적 편익이 괄목할 만하다고 생각되는 항목을 추려내 증액 및 삭감 안을 작성했다. 이 안이 나의 주관적 판단에 치우칠 수 있다고 판단하여, 예산실의 몇몇 간부를 만나 야당의 증액 요구 사안 중 국민경제적 효과나 지역 정책적 관점에서 의미 있는 항목이 있는지 검토 의견을 구하기도 했다. 동시에 야당이 삭감을 시도하는 사업 중에서 분명 사회적 편익의 창출이 괄목할 만한 것을 골라내, 재검토할 것을 제시하기도 했다. 야당의 제안으로 이루어진 나의 역할에 대해 예산실 간부들도 예산심의의 정치적 합리성을 사전에 높일 수 있는 고무적인 활동이라고 격려했다.

정책보고서에 새해 신규 사업으로 광주지하철 예비타당성조사 예산을 수록했다. 이미 부산과 대구 지하철 건설 계획이 마련되어 있었는데 호남지역에는 계획이 전혀 없으니, 광주 지하철 사업에 대한 예비타당성조사 예산을 추가하는 것이 바람직하다고 판단하여 신규 사업의 하나로 제안했던 기억이 뇌리를 스친다.

2. 김대중 이사장의 서울대 초청 강연

출처 : 한겨레신문

1993년 9월 8일, 서울대 행정대학원 리더십 포럼에서
강연하고 있는 김대중 이사장

1) 초청 배경과 수락의 의미

김영삼 대통령과의 대권 경쟁에서 패배한지 9개월이 경과한 1993년 9월 8일[2], 김대중 아태평화재단 이사장이 서울대학교 행정대학원 리더십포럼 연사로 초청되었다. 아마도 상당수 지 지자들은 4년 후 실시되는 대통령선거에서 김대중 이사장이 4번째 대권 도전을 시도할 것으로 예견하고 있었다.

리더십포럼은 국민적 주목을 받는 주요 정치인이나 족적이

2) 한겨레신문, "통일이 경제전쟁 이기는 길"/김대중 전 민주대표 서울대 첫 강의

뚜렸한 유력인사를 초청하여, 강연자가 추구하는 가치, 생애에서 겪은 교훈, 그리고 리더로서 남기고 싶은 메시지를 한 시간 정도 발표한 후, 지정 토론자들이 예리한 질문을 던져 발표자의 본질을 파악하고 의미 있는 「리더십의 요체」를 도출하는데 주된 목적이 있는 행사였다. 김 이사장이 이 자리에 초청된 것은 서울대학교 김광웅[3] 교수(작고)와 그의 제자인 이강래 박사를 통해 섭외가 이루어진 결과로 기억하고 있다.

김대중 이사장의 초청 연설은 비록 대학 행사의 하나이지만 뜻깊은 기회의 하나일 수 있었다. 왜냐하면 유력 정치인이라서 수없이 많은 곳에서 초청을 받고 있었겠지만, 국립 서울대학교라는 우리나라 최고 교육 · 학문 기관의 대학원이 초청하는 일은 흔한 일이 아니기 때문이다. 더 나아가서 국립 서울대학교가 내포하고 있는 고전적인 전통과 학문적 권위는 김 이사장이 겪어온 파란만장한 정치역정과는 무엇인가 거리가 있을 수 있기 때문이다.

2) 발표 · 토론의 현장

서울대 호암생활관 현관에서 김 이사장을 맞아, 회의실로 안내하면서 "1971년 장충단공원 대통령 선거 유세 시 멀리서 연설을 들은 지 30년이 가까워 옵니다"라고 덕담을 드리자, 김 이사

---

3) 김광웅 교수는 1998년 김대중 대통령 취임 초, 초대 중앙인사위원장에 임용되었다.

장은 아주 흡족한 표정을 지었다.

삼선 개헌 반대를 주도했던 고교 시절부터 주목해왔던 김 이사장 바로 옆자리에 앉아 저녁식사는 물론이고 강연 후 질문을 준비해야 하는 위치에 있다는 사실이 믿어지지 않았다. 바로 4년 전 김대중 총재 주재로 평민당 의원 총회 강연을 했던 기억이 선명하게 떠올랐다.

김 이사장은 메모지 몇 장을 앞에 놓은 채 한 시간 가까이 거침없이 연설했다. 메시지가 군더더기 없이 명쾌했고 한 시간 내내 평정심을 잃지 않았다. 오랜 역경을 거친 분이라 자신의 생애를 설명하다 보면 다소 고조될 수 있으나 아주 침착하게 자신의 입장을 피력했다.

김 이사장은 「세계사의 흐름과 동북아 정세」라는 주제하에 "21세기는 아시아-태평양 국가 중심의 시대가 될 것"이라고 언급하면서 "경제 전쟁이 본격화할 새로운 시대를 맞아 우리가 계속 국방과 경제건설에 자원을 양분한다면 비참한 삼류 국가로 전락할 것"이라고 지적했다. 더 나아가서 "한국 · 중국 · 일본이 주축이 되는 동북아시아가 안보협력 체제와 경제적 공동협력 체제 구성에 성공한다면 21세기의 세계경제를 주도하는 세력으로 등장할 것"이라며 이러한 과정에서 다양한 입장을 조정할 능력이 있는 미국의 적극적인 참가가 긴요하다고 강조했다.

화합과 개혁을 강조하는 대목에서는 상당한 악센트가 주어졌음을 느꼈다. 특히 자신을 반체제, 반시장(反市場)으로 격하하려는 반대자들의 정치적 시도에 대해서는 단호한 입장을 밝혔다. 강의시간 내내 자신이 민주주의를 위해 온몸을 불살랐던 투쟁가의 이미지로 비추어지는 것을 경계했다.

나는 두 개의 질문을 던졌다.

첫째, 국가 발전을 위한 두 개의 가치, 하나는 민주주의 실현, 다른 하나는 경제발전인데, 김 이사장의 지도력은 전자(前者)에 치우쳐진 인상을 불식하기 어려운데, 후자(後者)에 대해서 철저한 입장을 갖고 계신지를 물었다. 김 이사장은 기다렸다는 듯이 "두 개가 서로 구별되고 분리되는 것이 아니다. 민주주의도 국가 발전을 위한 것이고, 경제발전도 진정한 민주주의의 실천을 위한 필수적 과업이다"라고 언급했다.

둘째, "김 이사장은 타의 추종을 불허하는 지역 대표성이라는 정치적 자산을 갖고 계시다. 지지정당에서는 배타적 경쟁력을 갖고 있겠지만, 대통령선거에서는 오히려 출발부터 제약점으로 노정될 수 있는데, 이러한 상황을 어떻게 극복할 수 있을지 말씀해 주십시오"라고 물었다. 이 질문에 김 이사장은 "민심을 얻는 것이 중요하고 동서화합에 앞장섬으로써 소위 지역주의를 타파할 것"이라고 다짐했다.

나는 김 이사장의 서울대 방문을 통해 자신이 처한 정치적 어려움이나 한계도 충분히 파악하고 있을 뿐 아니라 이를 극복하기 위해 남다른 미래지향적 노력을 치밀하게 준비 · 대응하고 있음을 느꼈다.

3. 김대중 대통령 주재 「기획예산위원회」 참석

1) 기획예산위원회의 발족과 위원 위촉

1998년 3월, 김대중 대통령이 취임하면서 기획예산위원회가 출범했다. 당초 정부조직법 개편안에서는 미국의 관리예산처(OMB: Office of Management and Budget) 모델을 채택해 대통령 직속의 기획예산처로 출발할 예정이었다. 그러나 국회심의 과정에서 다수 야당(현 국민의힘)이 대통령실에 예산조정권이 부여되는 것은 대통령실의 권력집중을 초래한다는 입장을 근거로 반대해 여·야 타협의 결과 대통령 직속 「위원회」로 발족하게 된 것으로 알고 있다.

출처 : e영상역사관 홈페이지

1998년 4월 13일, 김대중 대통령이 중앙에서 기획예산위원회 회의를 주재하고 있다.
(왼쪽 첫 번째가 필자, 서 있는 분이 진념 위원장)

김대중 정부가 외환위기 극복을 위해 공공부문 개혁을 핵심 의제로 설정하였기 때문에 이 위원회의 위상과 역할이 주목을 받았다. 신임 위원장에는 경제기획원(현 기획재정부)에서 역량을 축적한 전북 출신 진념 장관이 임용되었다. 나는 진념 위원장의 추천으로 대통령이 임명하는 비상근 위원으로 위촉되어 국가예산 결정과 공공부문 개혁 과정을 깊이 접할 수 있는 소중한 기회를 얻었다.

공무원 100명 미만의 기획예산위원회가 예산기조의 정립과 공공부문 개혁을 주도하는 사명을 갖고 가동을 시작하자 정부, 공기업 등 공공부문 대부분이 이 위원회의 일거수일투족에 예민한 반응을 보였다. 특히 주요 정책수단을 갖고 있는 재정경제부(재정정책)나 산업자원부(산업정책) 등은 예산조정권까지 갖고 있는 이 위원회의 활동에 긴장감을 늦추지 않았다. 「적극적 정부」의 개념을 중심으로 진보적 정치이념을 추구할 것으로 기대했던 김대중 정부가 효율적 정부론, 공기업 민영화, 정부 쇄신 등 신자유주의적 흐름을 적극 주도함으로써 외환위기를 조기 수습하는데 기여하였다는 사실은 본받을 가치가 있는 과감한 정책 기조의 전환이었다고 해석할 수 있다.

위원장을 포함한 6인 위원 중 최연소인 필자는 공부하는 자세로 보고 사안, 의결 안건을 막론하고 세심히 점검했고, 국가재정과 공공부문 개혁의 실상에 관해 파악한 내용들은 곧 대학 강의와 연구로 직결되었다.

2) 대통령의 철저한 회의 진행

1998년 4월 13일, 대통령이 직접 기획예산위원회의 업무보고를 받고 회의를 주재했다. 대통령과 지근거리에 앉아 대통령이 손수 정리한 것으로 보이는 빽빽한 메모 용지를 꺼내 줄을 그으면서 회의를 진행하는 모습을 목격했다. 대통령은 주요 안건에 대해 핵심을 미리 파악하고 있었고 참석자에게 주요 과업이 진척 안 되는 이유를 구체적으로 묻고 시정을 요청했다. 필자는 대통령이 땀을 흘리고, 호흡을 가다듬으려고 노력하는 모습을 감지할 수 있었다. 일부 고위 공직자가 대통령의 질문에 적절히 답하지 못하고 진땀을 흘리는 광경도 볼 수 있었다.

회의 진행 도중 비서관이 나에게 메모를 전했다. 당초 두 개 질문과 제언을 하도록 계획되어 있었는데 한 개로 줄이라는 것이었다. 아마도 대통령의 피로감이 커지는 오후 시간대이므로 일정을 단축하기 위해서였던 것으로 기억한다.

외환위기를 극복하고 있는 시점인지라 대통령은 KT&G(담배인삼공사)의 해외수출에까지 관심을 가지면서 수출액수를 물어보았는데, 관련인사가 수출액수를 몰라 머뭇거릴 때 마침 KT&G 사외이사직을 수행하던 필자가 국산담배 수출액수를 언급했던 기억이 아직도 선명하다.

대통령의 언급은 분명하고 메시지가 담겨 있었다. 나는 이날 회의참석을 통해 김 대통령이 민주투사 출신의 정치인을 뛰어넘어 오랜 시간 각고의 노력과 치열한 학습을 통해 행정가로서의 자질을 갖추고 있다고 확인하게 되었다. 피로가 역력하게 드러남에도 불구하고 끝까지 회의를 마무리하는 모습을 지켜보며 '인간 김대중'의 내면을 새롭게 느낄 수 있었다. 당시 기획예산위원회에 근무하던 김병일 사무처장(후일 기획예산처 장관), 박봉흠 국장(후일 기획예산처 장관), 장병완 총무과장(후일 기획예산처 장관) 등 고위 간부와 중간 간부들이 노무현 정부에서 핵심적인 역할을 맡은 것을 볼 때 인재발탁에도 남다른 노력을 기울였던 것으로 보인다.

04

노무현 대통령

1. 「지방자치실무연구소」 특강에서의 조우
2. 노무현 장관의 서울대학교 특강
3. 노무현 대통령 주재 정부혁신 회의 참석
4. 「정부혁신 확대기관장 회의」 배석

1. 「지방자치실무연구소」 특강에서의 조우

1990년대 후반 「지방자치실무연구소」에서 지방자치와 관련 특강 요청을 받았다. 처음에는 생소한 연구소라서 주춤하기도 했지만, 강의 장소가 필자의 거주지인 여의도 소재 「중소기업회관」이고 전공영역의 강의를 할 기회가 마련되었다고 긍정적으로 생각해 초청을 수락했다.

저녁 7시, 대부분 지방의회 의원 출마를 준비하고 있는 지방정치 지망생들을 대상으로 「지방자치에 있어서 지방재정의 중요성」

이라는 주제로 2시간 진행했다. 수강생들의 지방자치에 관한 기본 소양은 견고하지 못했고, 지방재정의 의미와 구조에 대해서 대부분 생소하게 받아들였지만, 지방의원 또는 자치단체장에 도전하려는 의욕을 가져서인지 열의 있게 강의를 경청했다.

두 시간 강의를 마치고 지하주차장에서 차를 타려고 하는데 갑자기 누군가 길을 막고, "오 교수 아니십니까?"라고 물으며 "저희가 강의료를 드리지 못했는데, 제가 드리겠습니다"라고 말했다. 깜짝 놀라 인사를 드리면서 "감사히 받겠습니다"라고 말하고 귀가했다. 그 당시 강사료는 보통 사무실에서 지급하는데 아마 담당직원이 미리 준비하지 못해, 뒤늦게 강의료 미지급을 알아챈 나머지 직접 지하주차장으로 뛰어내려와 강사료를 지급한 것이었다. 아마도 나의 기억이 정확하다면, 그분이 바로 노무현 의원이었을 것으로 생각하고 있다.

나는 이 연구소가 노무현 의원의 정치적 기반을 다지기 위해 제도 정치권에 진입하지 않은 미래의 청년 정치 지망생들로 하여금 지방선거에 대비토록 하기 위해 훈련시키려는 현장임을 미루어 짐작하게 되었다. 수년이 지나 대선후보 경선에서 노 의원이 돌풍을 일으켰던 배경의 하나로써, 일찌감치 청년 정치 지망생들을 결집한 것을 꼽을 수 있을 것 같았다. 나중에 알고 보니 노 대통령 측근 중에 상당수가 이 연구소의 운영에 참여하였다는 사실을 확인할 수 있었다. 김병준 교수(노무현 대통령실 정책실장, 현 전경련 고문)가 사실상 이 연구소를 책임지고 운영했었음은

출처 : 노무현사료관 홈페이지

노무현 의원이 지방자치실무연구소에서 강연하고 있다.

그러한 예의 하나이다.

보통 잠재적 대권주자들은 자신의 정치적 배경이나 명사 중심의 그룹을 조직화하면서 정치적 에너지를 결집하는 경향이 있다. 그러나 노 의원은 정치적 존재가치가 입증되지 않은 지방의회 의원 지망생 등 무명의 젊은이들을 대상으로 바닥부터 자신의 정치적 기반을 일구는 데 매진함으로써 고유의 정치적 자산을 축적했다고 해석할 수 있다.

2. 노무현 장관의 서울대학교 특강

1) 대학원장실에서 열기 넘치는 대화

2000년 11월, 해양수산부 장관 비서관이 필자가 근무하는 서울대학교 행정대학원 원장실로 전화를 걸어왔다. 노무현 장관이 행정대학원 특강을 원하니 고려해 달라는 것이었다. 보통 장관급 인사에 대한 강의 초청은 수락받기도 어렵고, 설령 수락한다고 해도 일정을 조율하기가 쉽지 않은데, 현직 장관이 자청해서 서울대학교 특별교육과정의 하나인 '국가정책과정' 특강을 하겠다는 것을 마다할 이유가 없어 즉각 환영한다고 답했다. 게다가 보통 장관 중의 한 분이 아니고, 치열한 정치역정을 걸어왔고 차기 대권주자로 거론되는 분이라서 수강생들의 관심을 촉발하기에 충분했을 뿐만 아니라 해양수산정책에 대한 소중한 메시지를 전해줄 것으로 기대했다.

2000년 12월 4일 오후 6시, 서울대학교 행정대학원 원장실에서 노무현 장관을 맞이했다. 보통 외부강사를 초청했을 때, 대학원장은 원장실에서 환담만 나누고 주임교수가 강사 소개, 도시락 식사, 배웅을 맡아서 하는 것이 관례였다. 그러나 노무현 장관의 경우 원장을 맡고 있는 필자가 직접 강사 소개를 하고, 강의도 끝까지 경청한 후 마지막 배웅인사까지 마무리했다.

원장실에서 식사를 겸한 한 시간의 환담을 통해 노 장관의 스타일을 감지할 수 있었다. 무엇보다도 소탈하고 허물없는 태도는 상대방을 가까이 다가서게 했다. 담배를 피우면서 "서울대학교를 처음 방문한다"라고 흐뭇해하는 모습이 20년이 지난 지금 순간에도 기억이 선명하다.

노 장관은 친근한 분위기라고 느꼈는지 마음속에 있는 자신의 입장을 거침없이 언급했다. 특히 해양수산부 장관직을 맡은 것에 대해 자부심을 갖고 있는 것이 역력했다. "장관직을 수행해 보니, 전에 몰랐던 것이 많더군요. 특히 우리나라 공무원들이 참으로 우수하다는 사실을 새삼 깨달았어요. 예전에는 관료들이 윗사람 눈치 보며 되는 일도 없고, 안 되는 일도 없는 것처럼 공직자로서의 소신이 그렇게 뚜렷하지 않다고 생각했는데, 함께 일 해보니 참으로 역량 있는 많은 공무원들이 열심히 일하고 있음을 알게 되었다"라고 토로했다.

노 장관은 "오 원장도 관리 중에서 좋은 사람 있으면 언제라도 소개해 주세요"라고 허물없이 말했다. 노 장관이 "기획재정부 공무원들 중에 우수한 공무원들이 많다"고 언급하는 내용에 귀가 쫑긋했다. 나는 이 말을 접하면서 이 분이 확실히 큰 꿈을 꾸고 있다는 생각을 할 수 있었다. 장관이 처음 보는 교수에게 능력 있는 공무원을 소개해달라는 언급을 하는 것은 결코 흔한 일이 아니기 때문이다.[4] 노 장관은 허물없는 태도임에도 어떤 언급을 할 때면 강렬한 힘이 배어 있음을 느꼈다. 내가 노 장관의 언급에 호응을 하면 천진난만하게 미소를 지으며 흐뭇해하는 모습이 인상적이었다.

강의 제목이 해양수산정책이 아니고 「21세기 한국의 비전과 과제」라는 사실은 노 장관이 이미 국가 지도자의 꿈을 꾸고 있음

4) 노무현 대통령이 취임하면서 초대 인사수석비서관에 서울대학교 문리과대학 학우인 정찬용이 임명되었다. 정 수석이 정부 인사와 관련해 종종 필자에게 문의했다는 사실은 어떻게 보면 "능력 있는 공무원을 소개해 달라"라는 언급이 우연의 일치이지만 사실이 되었다.

<2000년 서울대학교 행정대학원 국가정책과정 51기 강의일정 계획>

번호	일 자	담당교수	강의 제목
19	11. 8(수)	오 연 천 (서울대 행정대학원)	정부의 비효율성과 재정운용의 과제
20-1	11. 13(월)	서 정 욱 (과학기술부 장관)	21세기 과학기술 발전방향과 정책과제
20-2	11. 13(월)	오 세 정 (서울대 물리학부)	21세기 지식기반사회와 한국의 과학기술
21	11. 15(수)	이 돈 희 (교육부 장관)	지식기반사회와 교육개혁
22	11. 20(월)	정 운 찬 (서울대 경제학부)	내가 본 한국경제 - 한국의 구조조정, 잘 되고 있는가 -
23	11. 22(수)	이 달 곤 (서울대 행정대학원)	협상역량의 배양과 다자간 갈등관리
24-1	11. 27(월)	Stephen Rounds (주한미국공보원장)	The State of U.S. Relations with the Korean Peninsula
24-2	11. 27(월)	박 찬 욱 (서울대 정치학과)	국회의 정치적 위상: 미래지향적 관점에서
25-1	11. 29(수)	Peter Drysdale (Australian National University)	International Economic Policy and the New Regionalism in East Asia
25-2	11. 29(수)	김 준 기 (서울대 행정대학원)	세계화에 따른 정부기능의 변천과 전략적 대응
※ 26-1	12. 4(월)	노 무 현 (해양수산부 장관)	21세기 한국의 비전과 과제
26-2	12. 4(월)	유 한 수 (CBF 금융그룹 회장)	한국경제, 무엇이 문제인가
27	12. 6(수)	한 준 호 (중소기업청 청장)	중소기업 육성시책
28	12. 11(월)	정 홍 익 (서울대학교 행정대학원)	사회적 불평등과 정책대응
29	12. 13(수)	오 명 (동아일보사 사장)	디지털시대의 경쟁력
30	12. 18(월)	최 병 선 (서울대학교 행정대학원)	정부규제 개혁의 의의와 추진방향
31	12. 20(수)	정 용 덕 (서울대학교 행정대학원)	신행정국가 시대의 거버넌스
32	1. 3(수)	Sung-Jo Park (Free University of Berlin)	미국 주도의 세계화에 대한 유럽의 대응전략: 한국에 주는 시사점
33-1	1. 8(월)	김 진 현 (문화일보 회장)	大韓民國의 政體性-理念·體制의 선택과정 (이 나라 혼란의 원인과 處方)
33-2	1. 8(월)	박 원 순 (참여연대 사무처장)	한국의 시민운동, 시민사회
34-1	1. 10(수)	이 기 주 (전 주독일대사)	새천년의 시작과 우리나라의 安保
34-2	1. 10(수)	임 도 빈 (서울대 행정대학원)	지도자의 사회적 책임과 윤리
35	1. 15(월)	조 동 성 (서울대 국제지역원장)	21세기 정보화 사회의 전략 패러다임
36	1. 17(수)	박 상 철 (서울대 의대)	새시대의 건강 생활

을 거듭 확인해 주는 것이었다. 노 장관은 강의에서 '국민의 정부' 출범의 역사적 의의를 소개하고, '화해 · 협력 · 통합'의 시대로 나아가기 위해 관용과 통합의 문화가 새롭게 만들어져야 하며 이 과정에서 시민사회의 역할이 중요하다는 점을 역설했다.

2) 노 장관의 학생들과의 파격적 대화

저녁 9시 반 강의가 끝난 후 노 장관을 대학원 입구에서 배웅했다. 그런데 서울대 학생 5, 6명이 차에 타려는 노 장관을 둘러싸고 얘기를 시작했다. 이야기가 끝나길 기다리는데 10분 이상 길게 대화가 이루어지는 것이 예사롭지 않았다. 노 장관은 대기하고 있는 나보고 학생들과 좀 더 이야기를 해야겠으니 지금 작별 인사를 나누자고 했다. 나는 이때 상황이 심상치 않음을 직감했다. 교수 생활 20년 동안 초청강사가 기다리고 있는 불특정 학생과 오랜 시간 대화를 나누며 초청자에게 「들어가시라」고 인사한 일은 이번이 처음 있는 일이었기 때문이다. 이 순간 나는 노 장관이 "보통 분이 아니구나"라는 것을 거듭 깊이 느꼈다. 아무리 정치인이라고 해도 처음 보는 학생들과 밤 10시 무렵까지 이렇게 장시간 대화할 수 있는 사람은 흔치 않다. 옆에서 지켜보니 의례적 대화가 아니고 토론하는 분위기임을 짐작할 수 있었다. 아무런 예고도 없는 상태에서 생소한 나이 어린 학생들과 장시간 눈높이를 맞출 수 있는 것은 특유의 포용력과 잠재적 동지애를 갖고 있지 않고서는 설명이 어렵다.

나는 인사를 하고 늦은 시간 귀가했는데 다음날 아침 해양수산부 장관 비서관의 전화를 받고 놀랄 수밖에 없었다. 그 비서관은 "장관님이 학생들과 서울대 인근에서 새벽까지 소주를 마시며 대화를 나누었다는데 원장님도 함께 했느냐"라고 확인하는 것이었다. 이 상황을 접하는 순간 노 장관의 정치적 미래를 예단할 수 있을 듯한 무언가를 직감했다. "보통 정치인이라면 상상할 수 없는 일을 현직 장관이 상상을 초월하는 경지에서 앞으로 달려 나가고 있구나"라는 예감을 지울 수 없었다. 무슨 특별한 주제가 있다손 치더라도 생면부지의 학생들을 만나 다음날 새벽까지 자리를 함께한다는 사실 자체만으로도 「범상치 않음」을 상징해 주는 것이었다.

인간은 누구에게나 「파격성」의 단면을 지닐 수 있다. 그 파격성은 대체로 자신의 목표나 이익에 직결된 것이다. 자신의 미래와 직결되는 것처럼 보이지 않은 「애매하고도 추상적 가치」에 매몰될 수 있다는 것은 역설적으로 남이 상상하기 어려운 높은 잠재가치를 실현하는 방향으로 나가야한다고 믿기 때문이다. 비록 확률이 낮다 치더라도...

3) 장관 이임과 대통령 당선 뉴스를 접하면서

노 장관의 서울대 방문은 정치인 노무현의 행보에 주목하게 된 전기가 되었다. 2001년 3월, 김대중 정부시절 개각 뉴스를 접하면서 깜짝 놀랐다. 4개월 전 서울대학교에서 만났던 노무현 해양수산부 장관이 경질되었다는 보도가 믿어지지 않았다. 아직 취임한지 8개월 밖에 지나지 않았는데 벌써 경질이라니... 몇 개월 전 해양수산부에 와서 특강해 달라고 언급했는데.....

해양수산부 장관직을 소신껏 수행하겠다는 자부심과 열의를 직접 느꼈던 필자로서는 더욱 안타까운 심정이었다. 짐작컨대,

자의에 의한 사임은 아닌듯한데, 무슨 연유가 있을 것으로 생각했다. 그러나 결과론적 해석이지만, 대통령선거를 3년 앞두고 공적책임이 과중한 장관직에서 물러나 자유스러운 정치인의 옷을 입고, 국민 속으로 파고들어 지지기반을 넓히는 것이 오히려 「노무현답다」라는 긍정적 해석이 몇 년 후 승기를 잡는 배경이 되었을 수도 있다.

서울대학교에서 만난 지 만 2년이 지난 2002년 12월 19일 실시된 대통령선거에서 노무현 후보가 당선될 것으로 전망한 7시 출구조사 뉴스를 접하면서 2년 전에 관찰했던 「파격성(?)」이 드디어 「만개(滿開)의 여정」으로 들어서고 있음을 간파했다.

3. 노무현 대통령 주재 정부혁신 회의 참석

노무현 대통령은 2003년 취임 직후 '혁신'을 국정의 핵심 의제로 설정했다. 김대중 대통령 시절의 '개혁'이라는 용어를 노대통령 취임부터는 '혁신'으로 바꾸고, 중앙 부서의 기획관리실을 혁신관리실로 개명하는 등 혁신 무드가 관가를 풍미했다. 청와대에 혁신관리수석비서관이 신설되고 행정자치부가 정부혁신 관리부서의 역할을 했다.

2004년경, 청와대에서 대통령이 주재하는 공기업 혁신 관계자 회의에 참석해 달라는 요청이 왔다. 나는 「정부투자기관 경영평가단장」 자격으로 참석했는데 전윤철 감사원장, 오영교 행정자치부 장관 등 6, 7명 정도가 참석한 것으로 기억한다. 비공식 회의인 그날 회의 주제는 공공기관 혁신의 진행 실태를 점검하고 앞으로의 과제를 논의하는 것이었다.

주무장관인 오영교 행정자치부 장관이 정부혁신을 위해 노력하고 있음을 길게 설명해 조마조마했다. 마치 행정자치부 업무보고회 같은 분위기를 자아내기도 했다. 대통령이 아무 말씀 않고 있는 상황에서 전윤철 감사원장이 발언을 시작했다. 감사원장은 행정자치부가 정부혁신의 모든 것을 주도해서는 안 된다고 지적하면서 행자부 혁신정책의 기조가 정확히 무엇인지를 따졌다. 감사원도 사실상 정부혁신을 진작하는 기능을 갖고 있기 때문에 정부혁신을 함께 이끌어 가야한다고 말했다. 그럼에도 행정자치부 장관은 감사원장의 의견에 적극적 동조를 보이지 않고 계속 앞으로의 계획을 이야기해 다소 긴장된 분위기가 연출되었다. 회의중간에 대통령실 비서가 대통령께 다가가 다음 일정이 있으니 종료해야 한다는 메시지를 전한 것 같았지만 대통령은 아랑곳하지 않고 참석자의 말을 경청하고 말미에 자신의 입장을 설명했다.

그날 회의는 비록 비공식 회의라 해도 행정관 두 세 명 외에 배석자가 눈에 띄지 않았다. 대통령이 사회를 보는 회의의 경우 대개 중앙 테이블 옆에 배석자가 줄지어 앉아 주로 대통령 말씀을 경청 · 기록하는 모습에 익숙한 나로서는 의외였다. 의전이나 형식보다는 실질적 토론과 구체적 결론 중심으로 회의를 이끄는 노 대통령의 스타일을 확인할 수 있었다.

특히 놀라웠던 것은 대통령이 주재하는 회의에서 피임용자인 감사원장이 강한 어조로 대통령의 핵심 정책 의제인 「정부혁신」 과업을 전담하는 행자부 장관을 장시간 질타하는 분위기를 묵묵히 지나치는 것이었다. 사실 행자부 장관을 비판하는 것은 「혁신정책의 설계자」인 대통령의 심기를 불편하게 하는 상황으로 비추어질 수 있음에도, 노 대통령은 미동도 하지 않았다. 보통 사회자인 대통령이 중간에 한 번 정도는 발언에 제동을 걸법한데 한 번도 중간에 언급하지 않고 인내심을 발휘하는 모습에 속으로 놀라움을 금하기 어려웠다. 아마도 노 대통령은 감사원장의 저 정도 수준의 강도 높은 언급은 당연한 것이라는 생각을 한 듯하지만 최고 통치자의 면전에서 그렇게 자유자재로 발언하는 것을 묵묵히 견디어내는 인내심은 일상적 회의에서조차 결코 평범한 일이 아니라고 생각했다.

4. 「정부혁신 확대기관장 회의」 배석

청와대 비공식회의가 있은 뒤 몇 개월이 지나 2004년 12월, 정부종합청사에서 대규모 「혁신 확대기관장 회의」가 개최되었다. 대통령이 주관하는 회의에서 전윤철 감사원장이 정부혁신의 당위성을 연설하면서 정부의 접근 방식이 더욱 체계 있게 전개되어야 한다면서 각 부서가 진정으로 혁신의지를 갖고 접근해야 함을 상당히 긴 시간 강도 높게 연설했다. 대규모 공식 정부행사에 대통령이 바로 옆자리에 앉아 있는 상황에서 대통령의 핵심

출처 : 노무현사료관 홈페이지

2004년 12월 24일 노무현 대통령이 주관한 정부업무평가보고회

국정의제에 망설임 없이 언급하는 것은 흔한 일이 아니다. 옆자리에 앉아 있던 필자도 긴장감을 역력히 느낄 수 있었다. 노 대통령은 감사원장 연설이 끝나자 마무리 발언을 통해 "정부개혁에 모든 부서가 한마음으로 박차를 가해야 한다"고 담담한 어조로 언급했다.

이날 공개 회의에서도 지난번 청와대 비공식 회의에서처럼 노 대통령의 인내심이 대단하다는 사실을 거듭 깨달았다. 피임명권자가 임명권자 면전에서 「본질은 동의하지만 방법론에 이의를 제기하고 개선 필요성을 지적하는」 발언은 유례를 찾기 어렵기 때문이다.

나는 이날 회의를 통해 노 대통령이 대통령의 지위를 수직적 권위체제로 이해하지 않고, 자신의 비전과 실천의지를 통해 권위를 창출할 수 있다는 내면적 자부심이 뚜렷한 분이라고 느꼈다. 그렇지 않고서는 피임용권자가 공개석상에서 거침없이 연설하고, 일정 부분 대통령 의지의 편린을 건드릴 수 있는 발언이 전개될 수 없다고 믿기 때문이다.

쉽게 말해 자신이 임용한 사람들이 무언가 토를 달더라도 "그 정도는 할 만한 것 아니냐, 그런 거 가지고 내 권위가 손상되지 않는다. 나 자신이 계속 중심을 잡아가며 견고히 실현해 나아가겠다"라는 생각을 갖고 있는 것으로 느꼈다. 첨언하면, 주요 공직자가 소신대로 발언하는 것을 수용하며, 그것을 어디까지나 파생적 의견이라고 간주하고 이와는 별도로 자신의 비전을 확고히 설명하고 이해를 유도함으로써 자신의 견고한 실천의지를 심화 · 확산 시킬 수 있다는 믿음을 가진 것으로 파악했다.

05

이명박 대통령

1. 워싱턴에서의 조우
2. 서울대학교 의생명공학연구동에서의 조우
3. 정부공직 제안에 정중한 고사
4. 대통령으로부터 서울대학교총장 임명장 받음
5. 대통령 이임 후의 초대

1. 워싱턴에서의 조우

1998년 우리나라가 미증유의 외환위기를 겪고 있는 시점, 필자는 서울대학교의 안식년 기간 중 운 좋게도 세계은행(IBRD) 공기업 민영화 담당 부서에 자문관 직책을 얻어 개도국의 공기업 혁신과 민영화 계획을 조언하는 일을 맡았다. 그 당시 세계은행 이영회 이사와 국제통화기금(IMF) 권오규 이사(노무현 대통령 시절, 대통령실 정책실장, 경제부총리 역임)의 헌신적 도움에 힘입은

바가 컸다.

당시 워싱턴에는 한국에서 지명도가 높은 정치인(홍준표 전 의원, 이인제 전 의원, 손학규 전 의원 등)들이 체류하고 있었다. 어느 날 워싱턴에 근무하는 세계은행 출신 컨설팅회사 간부가 세계은행 인근 식당에서 오찬 참석을 요청했다. 반갑게 응해 그 자리에 나가보니 얼마 전까지 국회의원(서울시 종로구)을 지내던 이명박 의원이 앉아계셔서 깜짝 놀랐다. 서울에 계신 줄 알았는데 워싱턴에 상당 기간 머무르신다는 이 의원에게 "세계은행에 파견 근무하고 있는 서울대 교수"라고 자신을 소개하고 자리에 앉았다. 1980년대 초반 필자의 뉴욕 유학 시절 현대그룹 뉴욕신년회(월도프 아스토리아 호텔에서 개최)에서 현대그룹 사장으로 정주영 회장 옆에서 내방객을 맞이할 때, 입구에서 유학생 신분으로 인사를 건넨 것을 제외하고는 면전에서 처음 뵙는 것이어서 감회가 깊을 수밖에 없었다.

그날 참석한 분들이 모두 서울에서 중요한 일을 했거나 하고 있는 분들이어서 한 번의 발언권을 갖기도 어려울 정도로 대화 분위기가 만개했다. 이 의원은 워싱턴에서 정계 · 재계 인사들을 만나면서 우리나라 외환위기 극복을 위한 기업 · 정부의 혁신 방향을 두루 탐색하고 있다고 말했다. 특히 금융 시스템의 선진화가 필수적이라면서 이를 통해 외환위기의 극복은 물론 우리나라 기업의 글로벌 경쟁력을 격상시켜야 된다고 강조했다. 공교롭게도 그때 그 자리에 있던 분이나 그 당시 워싱턴에 체류하고 있던 외교관·언론사 특파원 등 주요 인사들이 이명박 정부가 출범하면서 요직에 기용된 것은 결코 우연히 아니라는 사실을 이 대통령 취임 이후에 알게 되었다.

이 의원은 오찬 내내 자신의 주장을 여과 없이 밝히는 격의 없는 스타일임을 알게 되었다. 전문경영인으로서 성공신화를 이룩한 자수성가형 기업인답게 매사에 자신이 넘치는 어조로 다양한 소재를 대상으로 오찬 분위기를 주도했다. 처음 만난 사람에게도 개인적 관심을 표명하고 격의 없이 대화하는 것을 지켜보면서 거대 기업 사원에서 출발하여 사장까지 올라간 전형적(?) 전문경영인 같은 분위기를 느낄 수 없었다.

폭넓은 호기심과 호방함, 타인에게 친숙하게 다가서는 것을 보고 이분이 정치권에 입문하게 된 동기를 이해할 수 있었다. 그렇다고 전형적인 정치인 분위기를 느낄 수도 없었다. 정치인으로서의 노회함과 리더를 자처하는 세련미보다는 현장소장 같은 소탈하고 털털한 분위기를 풍기는 것이 직업 정치인에 대한 피로감에 젖은 상당수 유권자에게 「일 잘하는 캐릭터」로 다가설 수 있을 것이라는 생각도 할 수 있었다.

더 나아가서 언제라도 기회가 되면 정치권에 재도전할 마음의 준비가 된듯한 느낌을 떨칠 수 없었다. 나의 막연한 예단은 이 의원이 서울시장 도전에 나설 때 적중했고, 이에 그치지 않고 대권 행보로 이어지는 것을 목격할 수 있었다.

2. 서울대학교 의생명공학연구동에서의 조우

출처 : e영상역사관 홈페이지

2005년 8월 12일, 서울대 의생명공학연구동 기공식에서 왼쪽이 이명박 시장, 오른쪽이 이해찬 국무총리, 가운데가 정운찬 서울대 총장

워싱턴 D.C.에서 이명박 전 의원을 만난 지 7년이 지난 2005년 8월 12일, 이명박 서울시장이 서울대학교 수의과대학 의생명공학연구동 기공식에 참석했다. 서울대학교 정운찬 총장의 초대로 이해찬 총리, 이명박 시장 등 정부 요인들이 일개 단과대학의 연구동 기공식 행사에 참가한 것은 특이한 일임에 틀림없었다. 아마도 노무현 대통령의 재임 중, 황우석 교수의 줄기세포 개발이 국민적 관심을 받아 정가 · 관가의 주목을 받았고 이날 기공식이 있은 의생명공학연구동에 황우석 교수의 연구팀이 자리 잡고 있었기 때문이었다.

기공식이 끝난 후 정운찬 총장 초청 환영행사 자리에서 필자는 이명박 시장과 인사를 나눌 기회를 가졌다. 필자가 이 자리에 초청받은 것은 수의과대학 연구동 신축을 위한 정부예산 확보 과정에서 평교수의 위치에서 정운찬 총장을 도와 의미 있는(?) 역할을 수행했기 때문이었다.

이날 행사에서 이명박 시장과 인사를 나누면서 7년 전 워싱턴 시절에 비해 훨씬 활기차고 의욕적인 모습을 느낄 수 있었다. 아마도 서울시장이 지닌 중량감에 더해 향후 보다 높은 차원의 정치적 목표를 향해 나아가고 있기 때문일 것이라고 상상했다. 이날 행사를 주관한 정운찬 총장은 4년 후인 2009년 이명박 대통령에 의해 국무총리에 지명되었다.

3. 정부공직 제안에 정중한 고사

이명박 대통령과 직접 조우한 것은 아니지만 대통령 비서실과의 대화를 통해 대통령의 의중을 접할 기회가 있었다.

2009년 2월, 서울대학교 김완배 교수 등 농경제학과 교수 등과 함께 러시아 연해주 지역의 한국인 소유 농장을 견학하고 앞으로 우리나라 농업이 이 지역에 진출할 수 있는 기회를 확대할 방안을 탐색 중이었다. 우수리스크의 고려인 문화센터 방문 중 대통령 비서실장과 인사비서관으로부터 국무위원 자리에 내정될 예정이니 준비를 위해 급거 귀국하라는 전화를 받았다.

그 순간 20대 중반, 초임 공무원 사무관 시절, 감히 쳐다보지도 못할 고위공직에 유력 후보로 거론된다는 사실에 마음이 뭉클해졌다. 그 자리에 적임인지를 불문하고 나를 기용하겠다는 임용권자의 의지를 접하면서 내면의 뿌듯함을 억누르기 어려웠다. 옆에 앉아 장시간 통화 내용을 듣고 있던 김완배 교수가 "이런 기회에 정부에서 일해 보시는 것도 좋을 듯 하네요"라고 내심 격려를 아끼지 않았다.

마음을 평정하고 밤늦게까지 냉철히 생각해 보니, 공직제안에 대한 나의 입장은 명백했다. 나에 대한 과분한 평가는 고맙지만 '대학 속의 나의 길'을 일관되게 추구하는 것이 옳다고 판단했다. 25년 대학교수 생활을 하면서 정년에 이르기까지 본연의 책무에 매진함으로써 교수임용 당시의 초심을 잃지 않아야 한다고 생각했다. 공직에 적합한 경륜과 자세, 그리고 도덕적 권위를 축적했는지에 대해서도 확신이 서지 않았다. 더 나아가서 불확실한 길이더라도 이미 서울대학교 총장후보로 나설 뜻을 굳히고 있어 공직 진출에 관심을 가질 공간이 존재하지 않았다.

다음날, 준비되지 않은 사람을 공직후보로 배려해 준 것에 감사의 뜻을 표하면서 "공직을 맡을 준비가 되지 않았으니 널리 이해해 달라. 평교수로서 이명박 정부의 원만한 완결을 위해 마음속으로 응원하겠다"고 답했다. 공직후보자로 거론되었지만 진중히 고사했던 내면의 고뇌는 1년 후 치러질 서울대 총장 선거[5]에 더욱 매진하는 촉매제가 되었다.

---

5) 부족함과 실패를 이기는 「긍정과 도전의 길」, 울산대학교출판부, (2022) p.210 ~ 211

4. 대통령으로부터 서울대학교총장 임명장 받음

출처 : 연합뉴스

2010년 7월 20일, 이명박 대통령이 필자에게 서울대학교 총장 임명장을 수여하고 있다.

2010년 5월 3일 필자가 서울대학교 교수 · 직원들의 직접투표를 통해 총장후보로 선출된 지 한 달 반이 지난 2010년 7월 20일, 이명박 대통령으로부터 서울대학교 총장 임명장을 받았다. 대통령의 배려로 단독으로 임명장을 받은 후 30분간 면담이 이루어졌다. 대통령이 단독으로 임명장을 수여하는 것은 의전상으로 상당한 배려가 있었던 것으로 짐작했다. 이에 그치지 않고 대통령이 30분간 안병만 교육과학기술부 장관, 맹형규 행정안전부 장관 배석 하에 환담의 시간을 갖는 것도 파격적 배려에 해당되는 것이었다.

임용장을 수여받는 순간, 30년간의 세월이 뇌리를 스쳤다. 1981년 뉴욕 유학시절 월도프 아스토리아 호텔 현대그룹 신년회에서 의례적 인사를 나눈 후 20년 지난 1990년 후반 워싱턴 D.C.에서 뵈었던 일, 그리고 서울시장 시절 서울대학교 의생명공학연구동 기공식에서 인사를 나눈 지 6년이 지나 대학총장 임용장을 대통령으로부터 직접 수여받고 있으니.... 그 감회는 이루 형언하기 어려웠다.

대통령은 "오연천 총장을 선임한 서울대학교를 축하한다"라는 강도 높은 수사어를 썼다. 나는 대통령의 이 표현법을 배워 그 뒤로 임용을 축하할 때 자주 활용했다. 대통령은 "대한민국이 IT 강국인데 IT 공부하러 우리나라에 오지 않고 인도로 간다. 우리가 세계 최고 IT 국가라면 IT 관련 대학교육도 세계 최고가 되어야 한다. 세계와 경쟁해 달라"라고 당부했고 나는 "IT분야를 포함한 data science인력양성에 매진하겠다"라고 답했다. 이 대통령은 "서울대학교가 예능계 학생을 교육 · 배출하는 것이 학문선도대학의 위상에 맞는 것이냐"라고 언급하기도 했다. 이 질문에 직답을 피하고 "앞으로 학문 연구를 이어 갈 후속 세대를 길러 내는 데 최선을 다하고, 서울대가 새롭게 변화할 수 있도록 디딤돌을 놓겠다"라고 답했다. 이어서 "변화하는 시대정신에 맞추어 새로운 미래수요에 대응한 기초학문이 뿌리내릴 수 있는 학문 선도대학으로 변화하는 노력을 기울이겠다"라고 답했다.

이러한 대통령과의 대담은 같은 해 연말 국회에서 「서울대학교 법인화법」이 통과됨으로써 1년 후 「국립서울대학교 법인」으로 출범하는 모멘텀이 되었다고 해석할 수 있다.

5. 대통령 이임 후의 초대

이명박 대통령 이임 후 5개월이 지난 2013년 여름, 대통령이 사저에서 만찬 자리를 베풀어주었다. 서울대학교 의과대학장의 주선으로 역삼동 사저에서 이루어진 저녁 자리에는 사위(서울대학교 의대교수)가 함께 했는데, 훈훈한 분위기에서 세 시간 덕담을 나누었다. 대통령은 멕시코 대통령이 선물했다는 멕시코 전통주를 따르면서 대통령 시절의 해외순방외교의 성과를 언급하였다.

이 대통령은 우리나라 의료산업이 글로벌경쟁력을 지니고 있는 만큼 앞으로 서울대학교 병원과 의과대학이 중심이 되어 중동지역 등 해외진출에 관심을 쏟으라고 당부했다. 서울대병원은 2014년 UAE의 셰이크 칼리파 전문병원(SKSH)의 위탁 운영을 맡아 중동지역에 선진 의료 진출의 선구적 역할을 수행했고, 그 뒤 가장 성공적인 국가 간 의료협력 사례로 손꼽히고 있다. 대통령 사저에서 만찬 대접을 받은 것은 평생 처음 있는 일인 만큼 아직껏 그날의 기억이 지워지질 않는다.

몇 달 후 이명박 대통령이 특별한 의제가 없는 상태에서 강남의 리츠칼튼호텔 일식부에서 조찬 자리를 마련해 거듭 대화를 나눌 기회를 가졌다.

06

박근혜 대통령

1. 박근혜 의원과의 단독 집중토론

1) 필자가 원하는 면담 장소 쾌히 수용

2006년 가을 무렵, 박근혜 의원실 비서관으로부터 전화를 받았다. 박 의원이 면담을 희망하니, 강남에 있는 박 의원 사무실에서 만날 것을 제안했다. 나는 어떤 사안으로 저를 보자고 하는 것이냐 물었더니, 그 비서는 "국정 전반에 관해 종합적 의견을 청취하시고자 한다"라고 답했다. 나는 유력 여성 정치인이 평범한 중견 교수에게 연락을 해온 것에 대해 감사의 뜻을 전하면서 "강남구의 사무실에서 만나는 것은 적절하지 않습니다. 제가 근무하는 서울대학교 구내 또는 인근에 면담 장소를 정하면 만날 수 있습니다"라고 응답했다. 사실상 면담에 대해 소극적 자세를 취한 셈이었다.

나는 명색이 교수라는 사람이 전화 받고 유력 정치인의 사무실에 제 발로 걸어가 만난다는 사실 자체가 만나는 분에 대한 정치적 선호를 표현하는 것일 뿐만 아니라 교수로서 지나치게 가벼운 처신이라고 생각했다. 이런 취지에서 면담 요청자가 필자의 근무 장소 인근으로 와주는 것이 상대방의 입장을 존중하고 적극적으로 배려해 주는 자세라고 생각했다. 아무리 대권에 근접한 유력 정치인이라도 상대방에게 그런 예우를 갖출 때 성의를 다해 대화에 응하는 것이 대학교수로서의 기본자세라고 생각했다. 나의 만남 장소 제안은 어떤 면에서 면담의 고사로 해석할 수도 있고, 유력 정치인의 입장에서 보면 분명 오만한 행태로 보일 수도 있었다.

몇 시간 후 박 의원 비서가 나의 제안을 수용하면서, 약속 장소를 정해달라고 요청해왔다. 전혀 예상치 못한 제안을 접하는 순간 "나 자신이 지나치지 않았나" 하는 생각이 들면서도 박 의원이 만나야 할 사람에 대해 파격적인 배려를 아끼지 않음을 깊이 헤아리게 되었다. 박 의원이 국정 책임자를 향한 발걸음이 속도를 내고 있음을 직감했다.

2) 유력 정치인과 2시간 단독 대화

– 초면의 교수에게 장시간 흐트림 없는 시간 투입함에 감탄

나는 서울대학교 캠퍼스내 호암교수회관에 있는 guest room을 예약해 놓고 박 의원과의 면담을 준비했다. 비서 한 사람이 배석한 상태에서 박 의원과 두 시간 대화를 나누었다. 박 의원은 정부 쇄신의 과제, 국가 재정의 문제, 지방자치의 방향, 공기업 개혁의 전략, 공무원의 역량 증대 문제 등 국정 전반에 걸쳐 구체적 질문을 또박또박 던졌다. 나는 내가 아는 범위 내에서 성의있게 답했지만 박 의원의 기대에 미치지 못했을 것으로 판단했다. 모르는 것은 과감히 모른다고 했어야 하는데, 성의껏 답하느라 나의 부실(不實)이 드러난 것이 아닌가 후회하기도 했다.

박 의원은 잠시도 쉬지 않고 나의 답변을 메모하고, 계속 다양한 의견을 구하는 노력을 기울였다. 유력 정치인이 중견 교수 한 사람을 상대로 상상을 초월하는 수준의 집중을 기울이는 정성스러운 태도에 탄복하지 않을 수 없었다. 면담 장소를 필자가 원하는 장소로 변경한 것에 대해 이해를 구하자 박 의원은 "제가 만나고 싶어 하는 분이 장소를 정하는 것이 옳죠"라며 가볍게 받아넘기는 순간 나 자신이 오히려 민망할 정도였다. 두 시간의 대화가 끝나자 긴장하며 집중한 탓인지 온몸에 땀이 흠뻑 고일 정도였지만, 아주 보람있는 시간을 보냈다고 스스로 생각했다.

박 의원과의 만남이 있은 지 10개월 후 2007년 8월 19일, 한나라당 대통령 후보경선에서 박 후보가 이명박 후보에게 근소한 표 차이로 패배했다. 패배한 다음날 아침 박 후보가 전화를 걸어 그동안의 지원에도 불구하고 기대에 미치지 못해서 송구스럽다는 인사말을 했다. 물론 전화를 받은 많은 사람들 중의 한 사람임에 불과하지만, 경선패배의 충격이 가시지 않은 시점에 녹음통화가 아니고 직접 전화를 했다는 사실은 추후 정치적 활로를 열어나가겠다는 강인한 의지의 표현으로 읽혔다. 그러한 예단은 5년 후 대통령에 당선되는 순간 확인되었다.

2. 대학총장 초청 청와대 만찬 참석

2014년 2월 19일, 박근혜 대통령은 취임 후 약 1년이 지난 시점에 160여명의 대학총장을 청와대로 초청, 만찬 간담회를 개최했다. 필자는 서울대학교 총장 자격으로 헤드테이블 대통령 앞자리에 앉았다. 박 대통령의 의원 시절, 서울대학교 호암생활관에서 장시간 토론을 가진지 7년이 지나 이제 대통령의 위치에서 주관하는 주요 행사에 참가하게 되니 감개무량하다는 느낌이 들었다.

창조경제 구현을 위한 대학의 역할제고를 강조하기 위해 2시간가량 진행된 간담회에서 박 대통령은 총장들의 의견을 정중히 경청하며 등록금 동결에 적극적으로 공감해 준 총장들에게 감사의 뜻을 표했다.

출처 : 청와대 사진기자단

2014년 2월 19일, 박근혜 대통령이 취임 1년 후 전국 대학총장 만찬 간담회에서 인사말을 하고 있다

만찬이 시작되면서 헤드테이블에 앉은 지방 사립대 총장 한 분이 소속대학의 민원 몇 개를 10분 이상 설명하며 해결을 원하는 발언을 지속했다. 헤드테이블에 여덟 사람이 앉아 있다면 한 분이 길어야 5분을 넘겨서는 안 되는 것이 상식인데 그분은 준비해온 메모지를 놓고 차근차근 설명하는 것이었다. 나는 그분이 더 이상 말씀을 이어가시면 대통령에 대한 예의가 아닐 뿐만 아니라 다른 참석자들의 발언 기회가 줄어든다는 사실을 고려하여 그분의 발언 도중 「긴급 발언」을 청했다. "총장님께서 세세히 언급하신 민원사안은 옆자리에 앉은 서남수 교육부장관에게 말씀드리는 것이 좋을듯합니다. 그 과정에 저도 총장님과 함께 하겠습니다"라고 그분의 발언에 선을 긋는 노력을 가했다. 동시에 "대통령께서 스위스 방문 시 스위스 전문대학(Hochschule)

교육체제가 미래 기술력 배양을 통해 학생들의 전문역량과 산업의 경쟁력을 높이는 데 기여한다는 점에서, 서구유럽식 조기 전문 기술교육체계의 정착이 필요하다"고 강조하셨습니다. "대통령께서 그 제안에 대해 저희들에게 구체적으로 설명해 주시면 도움이 되겠습니다"라고 대통령의 말문을 여는 질문을 했다. 박 대통령은 스위스식 전문 직업교육의 실상과 그 당위성을 상세히 설명했다.

박 대통령은 헤드테이블에서 대통령의 권위를 드러내지 않은 채 시종일관 총장들의 건의를 경청하고 편안한 분위기에서 간담회를 마무리했다.

3. 대통령 주관 시진핑 주석 국빈만찬 참석

2014년 7월 3일, 국빈방문한 시진핑 주석을 위한 박근혜 대통령 초청 청와대 국빈만찬에 필자도 대학을 대표하여 참석할 수 있는 영예를 가졌다. 청와대 국빈만찬장 입구에서 박 대통령과 시 주석이 일일이 90여 명의 정 · 재계 인사들을 맞이했다. 우리 테이블에는 주요 경제인들과 중국의 주석 경호실장 등이 자리를 잡았다.

이날의 만찬 연설에서 박 대통령은 2013년 중국을 방문했을 때 시 주석의 환대에 감사를 표하며 "한 · 중 관계의 미래를 위하여"라며 건배를 제의했고, 시 주석은 "중 · 한 관계의 발전과 번영, 양국 국민의 행복, 박 대통령과 여러분 모두의 건강을 위해

출처 : 대통령기록관

2014년 7월 3일 오후, 박근혜 대통령과 시진핑 국가주석이 기자회견에서 한·중 정상회담 결과를 발표하고 있다.

건배한다"라고 응답했다. 두 분의 만찬사 후, 각 테이블을 중심으로 한 시간 반 훈훈한 대화가 오갔다.

청와대 국빈만찬 다음날, 2014년 7월 4일 오전 10시, 시진핑 국가주석이 서울대학교를 방문했다. 최경환 기획재정부 장관 내정자와 함께 시 주석을 맞았고, 시 주석은 방명록에 '탐색진리 추구광명(探索眞理 追求光明)'이라는 글귀를 남겼다. '진리를 탐구하고 광명을 추구하라'는 뜻으로 서울대의 라틴어 로고인 VERI TAS LUX MEA(진리는 나의 빛)를 표현한 것이다.

시 주석은 강연에서 '長江后浪推前浪(장강 물은 항상 뒤 물결이 앞 물결을 밀어낸다)'를 인용하며 거스를 수 없는 역사의 발전 법칙을 강조하고 젊은 세대들에게 큰 기대를 표했다. "대학은 언제나 지성과 창조의 요람이고 젊은 대학생들은 민족과 국가의 미래, 더 나아가서 아시아와 인류의 미래"라고 언급하면서 "한국사회가 한층 더 발전하는 데에 대학생 여러분들이 중심이 되어야 할 것"을 강조했다.

4. 박 대통령의 울산대 창조경제혁신센터 개소식 참석

2015년 7월 15일 오전, 박 대통령은 정부 핵심 슬로건의 하나인 창조경제 진흥을 도모하기 위한 일환으로 「울산창조경제혁신센터」 개소식에 참석했다. 울산대학교에 소재한 이 센터의 설립에 현대중공업그룹과 울산광역시가 많은 지원을 아끼지 않았다. 필자는 서울대학교에서 4년간 총장 임기를 마치고, 스탠퍼드대학교의 석좌교수로 재직 도중 울산대학교 총장으로 임용된 지 4개월이 지난 시점이었다. 김기현 울산시장, 정갑윤 국회부의장, 최양희 미래창조과학부 장관 등이 참석한 개소식에서 박 대통령은 "작은 어촌에서 50년 만에 조선·자동차·석유화학 산업의 세계적 중심축을 만들어낸 창의와 도전, 혁신을 되살려 새로운 도약의 길로 나아가야 한다"라고 강조했다.

박 대통령은 개소식을 마치고 울산과학기술원(UNIST)을 방문해 오찬 행사를 가졌다. 청와대에서 열린 대학총장 간담회 후 1년 6개월 만에 박 대통령 맞은편에 앉은 필자는 "울산시민들은 오늘의 울산 정신의 뿌리는 산업화의 깃발을 올린 박정희 대통령이시며, 이를 실현한 선구자는 울산대학교를 설립한 정주영

회장이라 믿고 있다"라고 언급했고, 박 대통령은 "이제 울산을 새로운 혁신 글로벌 산업도시로 도약시키는 것은 오늘 이 자리에 계신 여러분의 책무"라고 강조했다.

박 대통령은 울산대 방문 1년 후 2016년, 울산에서 휴가를 보내면서, 구조조정을 겪고 있는 울산 지역경제의 쇄신을 위한 「상징적 격려」를 아끼지 않았다.

출처 : 청와대

2015년 7월 15일, 박근혜 대통령이 울산대학교에 있는
「울산창조경제혁신센터」를 방문, 센터를 시찰하고 있다.
(왼쪽부터 김기현 울산시장, 박근혜 대통령, 최길선 현대중공업회장)

07

문재인 대통령

1. 민정수석 시절의 회동

1) 「공기업 경영평가제도」 폐지 건의에 대한 의견 청취

2003년 3월 초, 노무현 대통령이 취임하고 며칠 지나지 않은 시점에 청와대 민정수석 비서관실 행정관이 필자의 서울대학교 연구실로 전화를 걸어왔다. 새로 취임한 문재인 민정수석이 면담하고자 하니 다음날 오전 11시경 민정수석 사무실로 올 수 있느냐고 물었다. 무슨 일로 나를 만나고자 하느냐고 물었더니, "잘 알 수 없다"라고 답하면서 가급적 그 시간에 오길 요청했다.

아무리 수석 비서관이라도 사안을 미리 알려주어야 준비할 수 있고, 만남이 적절한 지를 판단할 수 있는데 만남의 주된 목적이 무엇인지 몰라 결심하기가 어려웠다. 한 두 시간 생각한 후 연락 주기로 하고, 가까운 교수에게 어떻게 하는 것이 적절한 지를 상의했다. 그 교수는 "노 대통령이 취임한 지 일주일 밖에 안되었는데, 민정수석이 부르면 나가보는 것이 여러모로 바람직하다. 그분이 어떤 분인지 아는 것도 유용하지 않겠느냐"라고 조언했다. 나는 정한 시간에 수석실을 방문하기로 확인해 주었다.

청와대 수석 비서관실을 방문한 것은 김영삼 대통령 시절 박세일 정책기획수석(전 서울대 법대 교수)을 방문한 이래로 처음이었다. 예정된 오전 11시 수석실에서 문재인 수석을 만났다.

문 수석이 나를 만난 이유는 공기업 경영평가제도가 존치할 필요가 있는지에 대한 전문가의 의견을 경청하기 위한 것이었다. 문 수석은 "엊그제 민노총 간부가 자신을 찾아와 정부투자기관의 경영평가제도가 노동자의 기본권을 침해하는 것이라며 폐지를 건의했다"라고 언급하며 「폐지」에 대한 나의 의견을 물었다. 문 수석은 경영평가제도 폐지를 건의받은 후 비서관과 협의해 당시 「정부투자기관 경영평가단장」을 맡고 있는 현직 교수의 전문적 입장을 청취하려고 했던 것이다.

2) 직업 관료가 아닌 「교수의 입장」 경청

민정수석 취임 불과 며칠 만에 주요 정책건의를 접하고 폐지

건의 대상이 되는 기구(경영평가단)의 책임자를 직접 면담한다는 것은 결코 쉬운 일이 아니다. 보통 관련부서(이 일의 경우, 당시 기획예산처)의 주무국장 등에게 입장을 청취하는 것이 일반적인데, 평가단장으로 위촉된 생면부지의 교수를 직접 불러 의견을 경청한다는 것은 예사로운 일이 아니라고 생각했다. 아마도 담당 국장(기획예산처 심사평가국)이나 차관보 등에게 입장을 물으면 기존 제도의 당위성을 확인하는 수순에 머무를 것으로 판단, 직업 관료가 아닌 전문가 교수의 의견을 청취하려는 깊은 뜻이 있지 않았나 상상했다. 이런 경위를 짐작하면서 대통령을 보필하는 공직자로서 바람직한 진중한 태도라고 간주했다.

나는 문 수석이 나의 의견을 경청해 주리라 믿고, 초면이지만 내가 알고 있는 범위 내에서 강도 있게 소신을 피력했다. "정부투자기관 경영평가는 우리나라 공기업의 국민경제적 성과를 유지 · 향상시키는데 상당 수준 기여해 온 제도이기 때문에 설령 제도 운용 과정에서 일부 불만이 있더라도 제도가 폐지되어서는 안 된다"라고 단호히 대답했다. "제가 3년 전 세계은행(IBRD)에 자문관으로 취업했던 것도 우리나라 공기업 평가시스템을 국제기구에서 모범사례로 꼽고 있는 것을 반영한 것이었다"라고 언급했다.

나는 "공기업 경영평가제도는 주관 부서인 기획예산처를 빼놓고는 다른 정부 부서 모두가 폐지를 찬성할 텐데, 하물며 노동조합 입장에서는 자신들의 성과급 보수를 결정해 주는 경영평가시스템의 폐지를 주장하는 것은 당연하지 않겠습니까?"라고 반문하며 "노조가 반대할수록 이 제도의 존재가치를 입증하는 것이다"라고 강변하는 어조로 응답했다. 말미에 "이 제도는 1983년 「정부투자기관관리기본법」이 제정된 이후 현재까지 20년 이상 공기업의 경영을 지속적으로 관리해왔다. 만일 체계적인 공기업 관리가 이루어지지 않으면 방만한 경영이나 비효율적 자원배분의 늪에서 헤어 나오기가 어렵다. 아마도 이 제도가 없었다면 우리나라 공기업의 고용인력이나 소관 예산이 지금보다 월등히 높은 수준에 도달했을 것이다. 현재보다 경영평가의 실효성을 오히려 보강해야 할 필요가 엄존하고 있다"라고 간곡히 존치 필요성을 강조했다.

한 시간 정도 대화를 거치면서 문 수석은 대체로 경영평가제도의 취지를 이해하는 듯했지만 심정적으로는 나의 답변에 그렇게 만족해하는 것으로는 느껴지지 않았다. 그럼에도 이 일이 있은 뒤 경영평가제도 폐지에 대한 논의가 대두하지 않았다는 사실은 최소한 경영평가제도의 불가피성을 받아들였던 것이라고 짐작했다.

3) 회동 후 오찬

대화가 마무리되는 시점에 비서가 나에게 다가와 오찬 준비가 되어있으니 오찬 장소로 이동해 달라고 오찬 장소 메모를 전해주었다. 당사자가 직접 오찬 하자는 말을 꺼내지 않은 것이 의

아했지만 내 차로 청와대 인근의 오찬 장소로 이동했다.

문 수석과의 회동에서 한 가지 특이한 것은 보통 유력 공직자가 누구를 처음 만나면 본론에 들어가기 전 상대방의 하는 일과 배경에 대해 의례적으로 관심을 표하는 것이 일반적인데, 사무실에서 인사 나눈 시간부터 특별한 관심 표명은 없었다. 1시간 반의 오찬 시간에도 개인적 차원의 덕담은 없었다. 오히려 피초청자인 필자가 분위기를 훈훈하게 만들기 위해 점심시간 내내 문 수석의 지금까지의 활동이나 관심분야 등을 묻곤 했지만 문 수석은 간결한 답으로 일관했다. 새로 만난 사람과의 정겨운 대화를 주도하는 성향이 아니고 내면 지향적인 과묵한 공직자임을 간접적으로 느낄 수 있었다.

아마도 문 수석 특유의 「진중함」은 타인의 의견을 경청할 준비가 되어있는 긍정적 자세 일수 있는 동시에 타인의 의견을 청취하는 태도를 취하지만 자신의 입장을 지키는 「신념형」 리더의 범주에 포함될 수 있는 여지가 있다고 해석해 보기도 했다.

바로 2년 전 서울대학교에서 만난 노무현 대통령과 오랜 정치적 동지 관계에 있는 문재인 수석을 만나고 오면서 두 분의 성향에 상당한 차이가 있음을 생각했다. 열혈적 자세로 자신의 신념을 함께 할 동지를 규합하고 정치적 목표에 이르기 위해 맹렬히 에너지를 분출하려는 「외향적 가치선도형 정치인」 노무현 대통령의 모습과는 대비되는 신중하고 자신의 내적 신념을 견고히 견지하는 「내향적 신념가형(信念家型)」 법률가의 모습으로 비추어짐을 거듭 생각했다. 어쩌면 두 분의 성향이 대조를 보이고 있지만 오히려 상호 보완됨으로써 문 수석이 노 대통령의 정치적 성취에 「동지애적(同志愛的) 선순환」의 역할을 했을 것으로 짐작했다.

2. 문 대통령의 「해상풍력 비전」 선포 위해 울산 방문

2021년 5월 6일, 문 대통령이 울산테크노산업단지에서 「부유식 해상풍력 육성 비전 선포식」에 참석했다. 대통령과 오랜 정치적 인연을 갖고 있는 송철호 울산시장이 주 초청자인 이날 행사에 필자는 관내에 있는 울산대학교 총장 자격으로 참석했다. 행사장 입구에서 대통령께 인사를 하고 한 시간에 걸친 주제발표, 대통령 연설, 토론에 배석하는 기회를 가졌다. 아마도 대통령 임기 후반에 문 정부가 역점을 쏟았던 해상풍력 등 친환경 에너지 정책의 집행 현장을 찾아 관계자들을 격려한 것이었다.

출처 : 문재인정부디지털기록관

2021년 5월 6일, 「부유식 해상풍력 육성 비전 선포식」에서 오른쪽 세 번째가 문재인 대통령, 두 번째가 송철호 울산시장

08

맺음말
- 인간적 면모에 대한 제한적 범위의 긍정적 서술

필자는 여섯 분의 대통령이 당선되기 전의 정치인 시절과 당선 후 대통령 신분일 때 사적 · 공적 공간에서 만나거나 조우할 수 있었다. 이것은 대학교수로서 결코 평범한 일이 아니고 필자에게 주어진 값진 기회였다고 생각하고 있다.

학자의 시각에서 여섯 분과의 만남에서 느끼고 파악했던 그 분들의 특성이 대통령 당선에 도달하게 한 동력원이었을 것이라는 문제 인식에 입각하여 과거의 기억을 회고하며 의미를 부여하는 노력을 기울였다.

여섯 분 대통령의 면모는 정치인이 아닌 다양한 리더그룹에서도 찾을 수 있지만, 필자는 「정치지도자」라는 사실에 초점을 맞추어 그분들의 특성을 긍정적으로 해석하려고 노력했다.

필자가 서술한 여섯 분 대통령 각자의 인간적 면모나 고유한 특성은 그분들을 정치적으로 부상하게 한 다양한 요소의 하나일 뿐이다. 필자의 한정된 시각이 짧은 시간 내에 겪은 감회와 결합되면서 다양할 수밖에 없는 인간의 내재적 특성의 일부를 목도한 것을 서술한 것에 불과한 것임을 거듭 강조하고 싶다.

독자에 따라서는 인간적 면모를 깊이 있게 기술하지 못했다고 지적할 수도 있는 반면, 어떤 독자는 특정 대통령에 대한 긍정적 서술에 이의 제기를 할 수 있는 등 비판의 소지가 있을 수 있다. 더 나아가서 그분들의 인간적 면모가 대통령 취임 후 대통령을 선출한 국민의 기대에 부응할 수 있는 국정 책임자의 역할 수행에 직결되는지는 별개의 차원이라는 점을 강조하고 싶다.

2장

국민을 위한 공복(公僕)의 길

선출직 최고 공복이 국민들의 다양한 목표와 기대에 부응하는 일은 결코 용이하지 않다. 선거 과정에서 지지하지 않았던 유권자들은 반대 기조를 누그러뜨리기 쉽지 않고, 지지자들조차 자신이 지지했던 명분이 시들어질 수 있는 가능성이 상존한다는 점이 권좌에 오른 지도자의 머리와 마음을 편하게 할 수 없다. 남북문제의 특수성과 우리를 둘러싼 변화무쌍한 국제관계의 상시적 긴박감 속에서 국가이익을 방어하고 경제의 안정적 성장을 달성하는 과업은 참으로 지난(至難)하다. 이러한 과업에 대한 책임의 많은 부분은 선출직 대통령과 여권에 귀속된다는 사실이 대통령직의 「가혹함」을 말해준다고 볼 수 있다.

국민으로부터 선출되었다는 사실은 필요조건일 뿐 공복의 가혹함을 완화해 주거나 해소해 줄 수 없다. 선출직 지도자는 지지하지 않았던 상당수 국민의 마음마저 포용하고 경쟁에서 패배한 야권과 협치하는 노력을 기울여야 한다.

무척 힘든 일이지만 선거 경쟁 중 제시했던 국정 방향을 이제 소속 정당의 울타리에서 벗어나 보다 격상된 가치 배분에 매진해야 한다. 이런 노력이 진정성을 가질 때 국민의 지지 기반이 튼튼해지고 정권 존재의 「실질적 정당성」이 견고해진다. 이러한 기조 하에 열린 리더십이 발휘될 때 국민이 기대하는 보편적 가치 증진에 직결되는 최대공약수에 접근할 수 있다.

01

승자의 환호는 한순간, 곧 짊어지게 될 가혹한 무한책임

대통령에 당선되는 순간 그리고 총선을 통해 다수당이 되는 순간, 승리의 환호는 잠시뿐이다. 승리의 순간, 최고치를 기록하고 그 뒤 그것을 유지하는 것조차 희망사항일 뿐 서서히 내려올 가능성이 상존한다는 것이 세상의 이치라는 점을 잊는 순간이다. 어떤 현자(賢者)의 말대로 "당선의 즐거움은 한나절뿐이고, 그 뒤로 불확실성은 넓게 열려져 있다. 최선의 노력을 경주해도 그 속도를 늦출 뿐이다"

치열한 경쟁을 뚫고 국가최고 선출직에 당선되는 것이 무척 어려운 일이지만, 이보다 더욱 어려운 것은 취임 후 다수 국민들의 기대에 부응해야 하는 일이다. 만일 임기가 얼마 지나지 않은 시점에 '잘못 뽑았구나. 어떻게 5년을 기다려야 하나'라고 탄식하는 국민들의 목소리를 듣게 되지 않는다는 보장이 없다는 사실을 냉철히 받아들여야 한다.

경쟁 과정에서의 치열한 불확실성이 제거되면서 환호속의 승자에게 다가오는 「무게」의 정도는 사실상 패자가 겪는 좌절과는 비교할 수가 없다. 패배했다면 패배감을 달래기 위한 자기극복에 매진하는 노력에 그치지만, 승리했기에 즉각 총체적 책임을 안게 된다. 일정 시점에서는 영예로운 것이 분명하지만 시간이 경과할수록 승자가 겪는 중압감은 쉽게 형언하기 어렵다.

승자가 겪는 중압감을 「지도자의 시련」으로 표현하고 싶다. 어려운 과정을 거쳐 명예로운 공복에 앉게 되었지만 그 직책을 수행하는데 필요한 다양한 역량, 폭넓은 인간적 자질, 그리고 인적 네트워크를 고루 갖춘 지도자가 과연 존재할 수 있을까?

최고 직위에 선출되는 데 동력원이 되었던 인간적 장점이 취임 후 특유의 약점으로 둔갑하기 쉽고, 평소 취약한 것으로 보이는 과단성의 결여가 실제 국정운영에서는 신중함과 절제의 모습으로 비추어질 수 있다는 사실을 간과할 수 있을까?

지도자의 자질 못지않게 국정의 목표와 운영방식은 다양하고 복합적이며 종합적이기에 이를 가동할 효과적 시스템을 구축하는 것은 어렵다. 지도자의 선택과 결정은 항상 최선을 지향해도 결과적으로 최선에 이르기 어렵고 차선이나, 차차선으로 귀결될 수 있기 때문이다. 최선의 노력을 경주해도 거대 「정책실패」에 도달하지 않는다는 보장 역시 확신할 수 없는 것이 가혹한 현실이다.

집약컨대 승리가 확정되는 순간, 승자는 무한책임의 영역에 진입하게 된다. 취임 후 안게 된 책임은 선거경쟁과정 때와는 차원이 다를 수밖에 없다. 후보 시절 미래에 어떻게 하겠다는 언약은 사실상 실행의지 또는 책임감이 뚜렷하지 않지만, 당선 후의 책무는 본질 면에서 차이가 크고 사실상 무한책임의 영역 속으로 진입하게 된다는 점을 간과해서는 안 된다. 승리를 이끌어낸 지지유권자의 기대에 부응해야 함은 물론이고 반대편에 섰던 국민의 입장도 깊이 수용해야 하는 이중고(二重苦)의 파고를 넘어서야하기 때문이다. 지지를 보낸 유권자의 기대에 부응하는 것 자체도 험난한 과정임이 분명한데, 기본 입장이 다른 국민에게 다가선다는 것이 결코 용이하지 않다.

그럼에도 무한책임을 기꺼이 떠안으며 겸허함을 실천하는 것이 진정한 승자의 몫이고 선출직 공복의 기본 책무라는 사실을 깊이 헤아려야 한다.

여권이 재차 승리하였다고 가정하자. 그렇다고 그동안의 국정기조와 성과가 긍정적으로 신임 받았다는 자만에서 과감히 벗어나야 한다. 오히려 냉정한 자기평가를 통해 국정운영의 틀을 쇄신하는 기회로 삼는 원숙한 지도력을 발휘해야 한다. 자만하지 않고 한치의 머뭇거림도 없이 총체적 국가경쟁력을 높이기 위해 국민 역량을 결집하는데 앞장서야 한다.

야권이 승리하였다고 하면 어려움은 더욱 커질 수 있다. 권력

교체로 인한 새로운 적응이 초래하는 사회적 비용이 가중될 수 있기 때문이다. 기존 국정기조의 흐름을 바꾸라고 하는 지지자들의 요구를 제대로 수용하자면, 이미 익숙해져있는 기존 시스템을 혁파해야하는 어려움에 직면할 수밖에 없다. 이미 기존질서에 편입되어 있고 경우에 따라 기득권화되어있는 각종 법령과 시책을 손질하는 작업이 격렬한 반대에 직면하는 것은 불 보듯 뻔하다. 모든 세상사가 그렇듯이 새롭게 주는 것은 당연시 하지만 주었던 것, 있었던 것을 되돌리는 과업은 늘 저항이 뒤따르기 마련이다.

새로운 권력이 출범하면서 겪게 되는 어려움을 자연스러운 숙명으로 간주하면서 반대자마저 고개를 끄덕일 정도의 신뢰기반을 축적할 수 있는 「통합과 관용」의 자세, 그리고 정책의 제안과 선택에 있어서 설득력 있는 노력을 투입함으로써 최소한도의 공감영역을 확보해야 한다. 이러한 자세야말로 리더십의 근간이고 지도자의 양보할 수 없는 덕목의 하나라고 간주할 수 있다.

02

선출된 권력이 만능이 아니다

대통령이 국회와 더불어 선출 권력의 양대 축을 형성하고 있지만, 현행 헌법의 특성과 우리 정치문화의 속성을 고려해보면 대통령이 국정운영과 국민생활의 향배에 더욱 긴밀하게 직결되어 있음을 부인할 수 없다.

제왕적 대통령제의 폐해를 치유해야 한다는 논의가 여 · 야를 불문하고 정치권에서 오랫동안 논의되고 있다는 사실에 비추어, 대통령을 중심으로 한 선출권력의 건강한 행사가 현행 헌법의 틀 속에서라도 원만히 정착되어야 한다는데 이의를 제기할 국민은 없다.

투표를 통해 대통령에 당선되는 순간 선출권력의 뿌리가 내려진다. 지지하지 않았던 유권자들마저 "내가 마음에 안 드는 후보가 당선되었지만 기대했던 것보다 잘 하길 바라고", 여의치 않더라도 감성적 비호감을 접고 임기가 끝날 때까지 일말의 기대를 접지 않는 심리적 순응이야말로 민주시민의 기본 양식이고 민주공화정의 필수적 사전조건이다. 과반수 득표에 미달하여 선임된 경우라도 당연히 일정 수준의 공적 권위를 부여해야 한다.

당선자는 유권자의 기대와 순응의 차원을 뛰어넘어 「국민의 공복」으로서의 위상과 마음가짐을 견고히 다져야 함은 아무리 강조해도 지나침이 없다. 민주국가에서 투표에 따른 대통령직 선임은 체제 출범의 정당성의 근간을 이룬다. 이론적 차원에서 권력의 정당성을 출범 자체의 법적조건을 충족하는 「사전적 정당성」과 출범 이후 체제가 가동되면서 확립되어야 할 「사후적 정당성」으로 구분한다면 당선은 권력 행사의 필요조건인 「사전적 정당성」을 갖추게 된 것이다. 그러나 「이미 확보된 사전적 정당성」이 견고하다고 해서 임기 중 국정을 이끌어 나가면서 사후적 정당성이 자연히 보장되는 것은 아니다. 국정을 운영하면서 일정 수준 이상의 국민적 공감과 지지의 최소 요건을 충족하지 못하면, 그 권력은 분명 존재하지만 내용상으로는 존재 권위가 반감되는 이중구조가 형성되는 것이라고 볼 수 있다.

재임 중 공복으로서의 열정과 헌신의 책무를 바르게 수행하고 국민으로부터 최소한의 공감대가 형성될 때 「사후적 정당성」을 쌓아갈 수 있다. 그렇지 못할 경우 권력을 보유 · 행사할 뿐 가치 실현에 다가서는 존립의 실질적 정당성을 훼손하게 된다. 이에 그치지 않고 권력에 대한 저항과 더불어 붕괴의 씨앗이 심어질 수 있게 된다는 사실을 간과해서는 안 된다. 상당 수준의 국민적 불신뿐만 아니라 집권당 내 극렬한 분열로 인해 초래된 2017년의 탄핵사태는 역사적 평가와는 별도로 「최소한의 공감대 형성」이 정권의 정당성 유지에 필수조건이라는 사실을 입증해 주고 있다.

여기에서 주목할 것은 국민다수가 부여한 선출권력의 사전적 정당성은 필요조건에 불과할 뿐 국정운영 시 발생되는 혼선과 갈등 · 대립을 「선출권력의 정당성」이라는 명분으로 손쉽게 제어할 수 없다는 사실이다. 국정책임자들은 「선출권력의 정당성」을 일방적으로 강조하는 경직적 사고에서 벗어나 바람직한 국정운영을 통해 국민들로부터 「정당성」을 확인받으려는 적극적 노력이 긴요하다.

진정한 권위는 주장한다고 형성되는 것이 아니고, 국민들이 권위를 부여할 때 형성되는 것이다. 쉽게 이야기하면 "내가 정당성이 있다"라고 주장할 것이 아니라, 국민들에게 정당성이 있다고 믿게 하는 노력이 중요하다. 그러기 위해서는 국민의 보편적 이익의 내용과 방향을 정립하고 그러한 기대에 부응하는 방향으로 국정을 이끌어 가고 있다는 믿음을 심어주어야 한다. 이러한 노력이 가시화될 때 선출권력의 실질적 정당성은 견고해진다. 선출권력이 국가공동체의 가치증진에 기여하고 있다는 믿음을 기존 지지자는 물론이고 비판적 입장의 국민에게까지 뿌리내리게 하는 일은 가혹하리만큼 어려운 과정이다.

이 과정에서 선출권력이 어떤 자세와 지향성을 취하느냐가 관건이다. 선출권력의 도덕적 우월성을 강변하는 행태나 국정의 기본방향과 정책의 선택과정에 지지정당의 당파적 목표에 집착하는 태도는 선출권력의 사후적 정당성을 훼손하는 것이 분명하다.

2020년 말 행정법원의 검찰총장 징계효력정지 가처분신청 인용을 두고 당시 여당 정치인, 일부 시민단체, 일부 법조인들마저 "법관이 행정수반 결정의 옳고 그름을 판정할 수 있느냐. 선출권력의 인사권을 훼손했다. 사법부의 정치화가 우려된다"라며 「선출권력의 우위」를 강조하는 상황이 전개된 바 있다. 설령, 내면적으로 공감하기 어렵더라도 실정법에 따라 징계의 부당함을 인정한 사법적 판단을 「선출 권력의 우위」라는 명제를 원용하여 비판하는 것이 과연 헌법정신에 부합한 것인지 확신할 수 있을까?

03

선출권력의 「실질적 정당성」 격상(格上)

– 포용과 협치 통한 지지자와 반대입장 간 원숙한 가치 배분

민주주의 국가시스템에서 투표를 통한 국민의 선택은 권력구조 형성의 출발점이 된다는 점에서 「선출권력」의 정당성을 폄훼해서는 안 된다. 그렇다고 선출공직자가 행하는 역할과 활동에 대한 정당성이 자동적으로 보장되는 것은 아니다. 선출권력의 정책 선택을 포함한 일련의 활동이 헌법가치와 보편적 국민이익에 부합되고 귀결될 때 그 정당성이 수긍되고 확산될 수 있기 때문이다.

선출을 통한 출범의 정당성은 집권기간 국가의 안녕과 공동체의 가치증진에 긍정적(positive sum)역할을 실행한다는 다수 국민의 믿음을 통해 격상될 때 「실질적 정당성」이 확립될 수 있다는 사실을 지나쳐서는 안 된다.

만일 상당수 국민이 집권의 총체적 성과는 물론이고 「앞으로

잘 할 수 있을 가능성」마저 회의적으로 평가한다면 출발 시 선출권력의 화려함은 흔적 없이 사라질 수 있다는 역사적 교훈을 가볍게 여겨서는 안 된다. 남미의 베네수엘라, 구 동구권, 중앙아시아 일부 국가들의 경우, 선거를 통해 등장한 집권당이 몇 년이 안 돼 권위주의 체제로 둔갑하여 국론의 양분과 국가 쇠락의 우려를 자아내고 있음은 「선출권력=만능」이라는 편향된 우월감에 기인한 것이라고 해석할 수 있다.

선출권력은 선출의 동력이 되었던 지지자들의 입장과 다른 시각의 국민적 기대를 함께 조율해야 하는 원숙한 가치배분이 체화되어야 한다. 지지그룹의 이념과 입장에 대해서는 절제의 노력을 기울이면서 지지하지 않았던 국민의 기대에 대해서 포용의 자세를 견지해야 하는 책무를 안고 있어야 한다.

그 이유는 자명하다. 선출권력은 투표자 기준으로는 50%를 넘거나 근접할 수 있지만 유권자 기준으로 사실상 30% 내외의 지지로 태동된다. 이런 점에서 애초에 지지하지 않았거나 투표에 참여하지 않은 다수 유권자를 포용하는 정책기조의 겸허한 조율이 긴요하다. 유권자 기준 30%내외의 지지로 당선, 100의 역할을 수행하는 위치로 격상되었을 때, 나머지 70의 상당부분을 고려하지 않는다면 본질적 신임의 의미를 어디서 찾을 수 있을까? 70을 배려하는 것이 바로 협치에 대한 의지의 표현이라는 자세로 국민의 마음에 다가서야 한다.

이런 자세가 견고히 자리 잡으려면 선출되었지만 「불완전할 수 있다」라는 겸허한 인식이 깊이 뿌리내려야 한다. 선거가 마무리되면 공격의 대상이 되었던 경쟁그룹이 국정의 파트너가 된다는 사실을 결코 소홀히 해서는 안 된다. 권력을 손에 쥔 후 원활한 국정운영에 다가서기 위해서는 경쟁에서 고배를 마신 상대당의 존재가치를 인정하고 자신의 비교우위를 겸허히 호소해야 한다. 그러기에 정치적 승자 주변의 인사들은 환호작약할지라도 지도자 자신은 내면적으로 냉정함을 잃지 않아야 된다. 언제든 상황변화나 국정실패가 발생하면 지지했던 국민들조차 등을 돌릴 수 있다는 가능성을 배제해서는 안 된다. 그러기에 상대적 다수이지만 절대기준에서는 미흡한 지지로 출범하는 선출권력이 국정운영에 대한 무한책임과의 괴리를 좁히는 유일한 대안은 「절제와 포용」이고 이는 선택이 아닌 필수라는 사실을 엄중히 수용해야 한다.

지도자는 평소 절제와 포용, 그리고 협치의 마인드를 익혀야 한다. 공직을 수행하면서 그러한 자세를 배우고 체화시킬 기회가 형성되기 어렵기 때문이다. 국가수반으로 선출되는 순간 형성되는 인의 장막(?)과 엄중한 시스템 속에서 전부(all)를 얻었다는 자만심을 절제하고 개방된 언로를 유지하는 것은 오직 선출직 지도자의 균형 잡힌 통합의지에 달려있다는 사실을 새삼 강조할 필요가 없다.

최고 공직자로 선출되면, 선거에서 승리하기 위한 전략적 목표에서 출발한 사고체계를 보편적 국민이익에 다가서고 공감영역을 확대할 수 있는 정책기조로 격상시켜야 한다. 특히 지지그

롭이 품고 있는 특정 가치에 대한 편향의 오류를 최소화하기 위한 절제된 자기성찰 노력이 긴요하다. 아마도 선출권력의 성숙된 모습은 여기에서 출발한다고 해도 과언이 아니다.

역설적으로 선출권력이 지향해야 할 협치와 다양성의 실행을 어렵게 하는 요소의 하나가 바로 충성도가 높은 지지자들이다. 선출권력이 지지자들의 충정을 일정수준 수용하면서도 반대 입장을 포용해야하는 양면성의 모순을 조화롭게 극복하느냐가 통합을 도모하는 리더십의 요체라고 말할 수 있다.

선출직 공직자가 임기를 마칠 때까지 기본 권위를 유지할 수 있는 힘은 당파성(partisan)과 이분법적 자기 확신에서 탈피하여 보다 보편적인 다수 국민의 시각에서 국정의 기본흐름을 조율하는 역량이다.

정권을 장악한 책임권력이 국민에너지를 바람직한 방향으로 결집하고 있는지 다수 유권자가 엄중히 지켜보고 있다는 사실을 직시하며 임기 내내 포용과 협치의 자세를 견고히 지켜나가야 한다.

04

열린 리더십의 다짐

국정 리더는 반대자의 입장을 이해하고 비판을 경청하는 열린 리더십의 실천에 매진해야 한다. 당선을 가능하게 했던 지지 그룹의 정책목표와 가치지향을 중시해야 하지만 반대국면에 있었던 상당수 국민의 입장을 감안하여 보다 보편적인 수준으로 조율·격상시키려는 고뇌에 찬 노력이 긴요하다. 이러한 노력은 결코 쉬운 일이 아니다. 때에 따라서는 자신이 확신을 갖고 있는 견고한 입장마저도 조율할 수 있는 여백을 만들어내는 용기가 필요하기 때문이다. 이러한 용기의 발현이 그만큼 어렵기 때문에 리더십의 가치를 입증하는 결정적 징표가 될 수 있다.

이러한 노력의 이면에 타협·포용이 널리 수용되는 상호존중의 정치문화가 정착되어야 한다. 지지자 그룹의 입장에 경도되지 않고 반대자의 관심과 입장을 함께 고려하는 균형적 자세야말로 선출권력의 정당성을 확산시킬 수 있는 유일한 방법이고 정치적 리더십의 요체라고 말할 수 있다. 물론 일관되게 지지하고 있는 상당수 국민들은 지도자가 한번 언약했고, 결심했으면 소신껏 밀어붙이는 것이 옳다는 입장을 견지할 수 있지만 시차를 두고 꾸준히 설득하고 공감을 모색하는 균형적 자세를 취하는 것이 궁극적으로 보편적 공통이익의 「최대공약수」도출에 더욱 가까이 다가설 수 있다.

대통령은 헌법에 따라 국민으로부터 위임된(delegated) 권한을 행사한다. 형식적 · 선언적 위임이 아니고 항상 국민의 보편적 이익에 부합되어야 하는 제약조건을 충족하는 「엄중한 위임」이어야 한다. 위임받은 권한은 「해서는 안 될 일」의 길을 열어주는 것이 결코 아니라는 점에 대한 부단한 자기절제노력이 수반되어야 한다. 「해야 할 일」역시 헌법정신을 중시하면서 국민의 다양한 입장을 고려하고, 중립적 관료제의 판단을 경청하는 성숙된 정책 결정 패턴을 체화해야 한다.

공정과 정의의 원칙에 기반을 두고, 현행 법체계 범위 내에서 보편적 국가이익에 부합하는 권한행사가 이루어질 때 「위임」의 조건을 충족시킬 수 있다는 사실을 간과해서는 안 된다. 대통령의 대표적 권한 중의 하나인 인사권만 해도 형식적 요건을 넘어서 최소한의 공감을 확보할 수 있는 「역량 있는 인사의 적재적소 배치」라는 무언의 조건이 충족되어야 한다.

3장

국정 리더의 마음가짐

01 부족함을 인정해야 진짜 리더

02 강자의 겸허함은 미덕이 아닌 책무

03 대체될 수 없는 리더의 포용

04 공감의 언어에 익숙한 리더

05 절제력은 리더의 숨겨진 지혜

06 진정성 있는 소통

다수의 인간은 생애를 통해 고유의 목표를 갖고 있다. 예를 들면 기업가는 이윤 추구와 사회공헌, 종교인은 영적 가치 추구, 법조인은 실정법의 해석과 적용을 통한 공동체 법질서의 수호, 교육자는 미래 인재 양성, 사회사업가는 약자의 지위 향상과 사회봉사에 있다고 볼 수 있다. 그러나 대통령을 포함한 선출직 공직자는 「국가발전」, 「국가보위」, 「국가역량증대」, 「국민복지증진」 등 그야말로 종합적이고 복합적인 목표에 매진해야 된다. 국가 공동체의 목표 달성에 전념해야 하는 국정 지도자의 마음가짐은 개별 경제주체 또는 분야별 리더와는 확연히 다른 차원일 수밖에 없다. 문자 그대로 특정 병과(兵科)의 리더가 아닌 총체적 국정사안을 다루어야 하는 장군(general) 중의 장군이어야 한다.

기본자세가 견고히 갖추어진 사람이라고 해도 국정 리더의 요건을 충족하는 것은 쉽지 않다. 이런 점에서 선출된 최고 공복은 부여된 역할을 수행할 수 있는 기본자세를 갖추는 데 더욱 마음의 문을 열어야 한다. 「스스로 부족함을 인정하는 겸허함」, 「포용력과 절제력」, 「진정성 있는 소통력」, 「단호하면서 유연함을 잃지 않는 메시지 전달력」 등을 두루 갖추려는 마음가짐이야말로 신뢰받는 국정운영의 기초 기반이 된다는 사실을 깊이 헤아려야 한다.

01

부족함을 인정해야 진짜 리더

1. 부족함 채우려는 의지가 희망의 출발
2. 자기평가 냉철한 리더가 선순환 유도
   - 승리해도 겸허한 자기성찰

1. 부족함 채우려는 의지가 희망의 출발

승자는 부족함이 없는 존재일까? 인간은 지위 고하, 부자 · 빈자, 승자 · 패자를 막론하고 누구나 부족한 존재이다. 자신이 완벽하다고 믿고 행동하는 사람이야말로 부족한 사람일 가능성이 높다. 모든 면에서 완벽한 인간은 가상현실 속에서만 존재할 수 있다. 소소한 일상생활에서도 어느 일에 집중하고, 어떤 가치에 집착하다 보면 다른 것에 소홀할 수밖에 없고 자연스럽게 부족함을 잉태하게 된다. 어느 분야에서, 또는 어떤 측면에서 탁월하다고 하더라도 곰곰이 들여다보면 배우고 고쳐나가야 할 일이 많다.

만일 인간이 하등의 부족함을 느끼지 못한다면, 또한 미래에 대한 불확실성이 전무하다면, 더 나은 미래를 향한 희망을 어디에서 찾을 수 있을까? 부족함의 여백이 존재하기 때문에 채우려는 욕구와 의지가 생기고, 이 욕구와 의지가 좀 더 나은 상태로 나아가는 점화(點火)의 원동력이 되는 것이다.

그러기에 어떤 면에서 부족하다고 부끄러워할 일이 아니고 자연스러운 일이라고 생각해야 한다. 중요한 것은 자신의 부족함을 인식하며 이를 메꾸기 위해 끊임없이 노력하는 것이 인간 정신의 요체이고 새 희망의 출발점이라는 사실을 깨닫는 것이다.

자신의 부족함을 보충하고 치유하여 어떤 단계에 이르게 되면 다음 단계의 부족함이 또 기다리고 있다. 그러기에 끊임없이 부족함을 깨닫고 이를 채우려는 인간의 집념은 진화 과정을 거쳐 오늘날의 문명과 문화를 이룰 수 있었다. 미래를 꿈꾸는 청년 학도들 역시 학업성적이 기대에 못 미친다고, 가정환경이 여의치 않다고 한탄해서는 안 된다. 부족함을 찾아내고 이를 보강하며 불확실한 미래를 개척해나가는 것이 가치 있는 삶의 여정이라는 믿음을 견지해야 한다.

2. 자기평가 냉철한 리더가 선순환 유도
– 승리해도 겸허한 자기성찰

부족함을 수용하고 이를 채우려는 믿음은 사회적 역할이 크고 구성원으로부터의 기대가치가 높을수록, 보편적 공통 이익 실현의 책무를 지니고 있는 사람일수록 더욱 체화되어야 할 조건이다. 소위 「성공궤도」에 진입할수록, 자신의 역할이 보다 격상될수록, 부족함이 커지게 된다는 믿음을 견지해야 한다. 이때의 부족함은 「사람 자체가 부족하다」는 뜻이 결코 아니다. 자신에게 부여된 역할이 커지고, 심화된 가치와 목표에 접근하는 데에는 당연히 공백이 커질 수밖에 없는 평범한 자연법칙을 의미하는 것이다. 추구하고 실행해야 할 목표는 높아지고 다양해졌는데 이를 실천할 지도자의 그릇은 쉽게 맞추어지기 어려우니, 자연스럽게 부족함의 공백을 인식하고 이를 채우려는 투혼을 아끼지 않아야 한다.

그러기에 조직과 기관을 이끄는 리더야말로 자신의 부족함을 스스로 깨닫고 이를 보충하려는 노력을 더욱 철저히 해야 한다. 자신의 부족함을 깨닫지 못하는 사람은 리더가 되어서는 안 된다. 특히 대통령이나 각료, 국회의원 등 국정을 책임지는 공복들이 자신의 부족함을 깨닫지 못하고, 오만함을 노출한다면 공동체의 공공이익 실현에 기여하는 역할이 제약될 수 있음은 자명하다. 리더는 자신의 부족함을 보완할 수 있는 방안을 강구하고 포용과 협력을 도모하여 공동의 목표를 향해 구성원들과 함께 나아가야하기 때문이다.

리더는 자신의 현 위치에 오르기까지의 역량과 성과마저 새로운 역할에 직면할 때 또 다른 부족함의 원천이 될 수 있다는 겸허함을 가지면서 냉철한 자기평가를 게을리 하지 않는 '단호함'을 실천해야 한다.

리더가 결정권자로서의 우월한 지위에도 불구하고 스스로 부족할 수 있다는 가능성을 열어둔다면, 자신의 입장을 절제하고 타인의 의견을 경청하며 스스로 부족함을 보강하기 위한 다양한 노력을 기울이는 선순환을 자연스럽게 도모할 수 있다.

스스로 'A등급'이라고 자처하는 리더에게는 실제로 A등급 인재들이 모여들지도 않고, 모인다고 해도 자신들의 기본역량을 발휘하기가 결코 용이하지 않다. 반면, 틀림없이 A등급인 리더가 스스로 자신의 역량을 낮추려는 겸허한 태도를 갖춘 나머지 스스로 B등급으로 자처한다면 A등급은 물론이고 B등급의 인재들마저 A등급을 지향하면서 새로운 가치 창출에 헌신할 것이다. 다수의 A등급 인재를 품을 수 있는 리더야말로 궁극적으로 진정한 A등급 리더가 될 수 있다는 사실을 간과해서는 안 된다.

총선을 통해 선출되는 국회의원들도 건실한 의정 활동수행을 위해서는 아직도 부족함이 많다고 스스로 겸손하게 생각해야 한다. 그동안 잘못 형성된 편견과 선입견을 시정함은 물론이고, 국정의 기본 흐름을 이해하고, 민의의 대변자로서, 그리고 원활한 국정 운영의 참여자로서의 역할에 매진해야 함을 원점에서 다짐해야 한다.

선거에서 승리했다고 해서 해당 정당 또는 후보의 '부족함'이 국민의 심판을 통해 완전히 해소되었다고 해석한다면 '아전인수'의 오류에 빠질 수 있다. 오히려 승자로서 통렬한 자기반성을 기울이는 겸허함을 보이고 이에 기초한 혁신과 화합의 길을 지향해야 하는 것이 주권자인 국민의 뜻임을 꿰뚫어 보아야 한다.

02

강자의 겸허함은 미덕이 아닌 책무

1. 강자의 솔선수범이 건강한 공동체의 조건
– 경제적 강자가 '배분적 정의' 선도

1980년대 초반 미국에 유학하고 있던 시절, 필자의 남루한 승용차가 맨해튼 링컨 터널 입구에서 벤츠 스포츠카의 조수석 문을 들이 받았다. 차량의 보험증서와 자동차등록증을 제시하며 "전적으로 책임지겠다"라고 미안해하는 나에게 피해 차량 운전자는 나의 운전 과실을 나무라기는커녕 "어디 다친 데 없느냐"라고 물으면서 "차량 피해는 내가 해결하겠다"라고 말했다. 그 운전자의 의연한 대응을 접하는 순간 "아! 이것이 경제적 강자가 취하는 태도이구나"라고 놀라면서 '강자의 잣대가 바로 약자에 대한 배려와 나눔에 있다'는 사실을 깨닫는 계기가 되었다.[6)]

부자와 넉넉하지 못한 사람이 함께 어울려 사는 어느 곳이든 부자는 공동체를 위해 더욱 많은 책임을 안고 있음은 자명하다. 소득의 40% 이상을 세금으로 내는 고소득자가 많을수록 건강한 정부활동이 보장되고 배분적 정의에 부합하게 된다. 경제적 강자가 세금을 많이 부담한다고 해서 "내가 얼마나 많은 세금을 내는지 알고 있느냐"라는 넋두리를 한다면 배분적 정의의 개념을 이해하지 못하는 무지의 소치이다. 부자들의 높은 세금 부담은 자랑거리가 아니고 공동체 구성원으로서의 값진 책무이기 때문이고 이러한 성숙된 시민 의식이 확산될수록 보다 가치 있는 사회로의 진입이 용이하다.

공부 잘하는 학생이 머리 좋다고 뽐내지 않고 학업성적이 뒤처진 동료들을 돌보아 주는 선행 역시 우수한 학생의 책무라고 볼 수 있다. 이러한 나눔과 배려의 긍정적 자세를 통해 우애와 신뢰가 다져지는 것이 상식이다.

2. 협력 주도하는 리더가 궁극적 승자

강자가 취해야 하는 보편적 원칙은 정치 영역에서도 예외일 수 없다. 행정부를 이끌고 있는 대통령이나 국회의 다수당은 국가의 보편적 이익을 추구하는 과정에서 상대적 소수정당에 비

---

6) 마티즈와 벤츠가 부딪혔다면?, 올리브엠엔비, (2009) p.17~18

해 월등 무거운 책임을 안게 된다. 이런 점에서 대통령과 여당은 정치적 경쟁에서 신임을 얻지 못한 상대적 소수 정파에 대해 원숙한 포용과 협력을 주도해야 함은 대의제 민주정치의 요체라고 할 수 있다. 소수당의 무리한 투쟁마저도 지지계층의 신임을 확인하려는 불가피한 정치적 몸부림으로 간주하는 성숙된 자세야말로 역설적으로 말해 「강자의 특권」이라고 생각해야 한다. 이 점에 대해서는 진보 · 보수론자를 막론하고 이의를 달지 않을 것이다.

여권이 야권의 반대 수위에 비례적으로 맞서는 행태를 보인다면 경제적 강자와 경제적 약자가 같은 비율로 세금을 내는 것이 '경제 정의'에 부합하다는 논리와 다를 바 없다. 여권이 야권의 입장을 경청하고 명분을 살려 줄수록 대의민주제 시스템의 총량적 파이를 크게 만들 수 있음에도 이를 게을리하는 것은 정치적 강자의 도덕적 권위를 스스로 훼손하는 것이라고 말할 수 있다. 야권 역시 정부 · 여당을 비판하되 흠집 내기에 초점을 맞추거나 반대를 위한 반대에 주력해서는 안 된다. 야권이 추구하는 정책목표를 정부 · 여당이 주도할 때 박수칠 수 있는 용기야말로 야권의 미래 가능성을 높여주지 않을까?

"전투와 경쟁에서 이긴 자가 궁극적으로 승리하는 것은 아니다.", "진정한 승자는 협력에 성공한 자"라는 영국 BBC 소속 생태학자 David Attenborough경의 언급에 우리 모두 귀를 기울여야 한다.

선거경쟁에서 승리했다고 자만해서도 안 되지만, 기대에 못 미치는 결과가 나왔다고 해서 움츠려서도 안 된다. 무엇보다도 선거에 승리한 정당이 포용의 열린 자세를 통해 패자를 협력과 공존의 틀로 끌어들이는 노력에 따라 진정한 승자인지가 판별될 수 있다. 성과가 기대에 못 미치게 된 정당 역시 결과에 순응하며 국정의 선순환에 기여할 수 있도록 치열한 자기성찰의 용기를 보여 주어야 한다. 혹시라도 근거 없는 정치적 의도를 갖고 선거 결과를 사법적 논쟁으로 비화시키거나 자기합리화로 일관하는 상황이 전개된다면 다가오는 미래에도 패자의 위상에서 벗어날 가능성이 낮아지게 된다는 점을 간과해서는 안 된다.

2000년 12월 미국 대통령 선거에서 마지막 승부를 가름하는 플로리다주 재검표 작업을 중단토록 한 미국 대법원의 결정을 흔쾌히 수용하여 지지자들의 사법적 다툼을 봉쇄한 고어 대통령 후보의 연설은 우리 정치권이 눈여겨보아야 하는 역사적 사건이라고 생각한다. 재검표를 통해 역전 가능성이 존재했던 상황임에도 고어 후보는 "서로의 차이를 계속 논의하여 분열하는 것보다 화합이 더 필요한 과업임을 깨달아야 한다"라며 부시 후보의 당선을 축하하는 감동적 연설을 남겼다. 만일 우리나라 대통령 선거에서 유사한 상황이 발생했다면, 과연 어떤 양상이 전개되었을까? 고어 전 부통령은 그 뒤로 지구온난화에 대응한 범지구적 환경운동에 전념한 결과, 2007년 노벨 평화상을 수상하는 위업을 남겼다.

선거개표가 마무리되는 시점에 승리를 거둔 정당의 대표가 경쟁 정당의 패배를 위로하고 '오늘의 진정한 승리는 정치권의 협력을 요구한 유권자'라며 협치를 다짐하는 연설을 들을 수 있길 고대한다면, 비현실적인 기대일까? 정권과 정당에 대한 국민의 시선은 고정되어 있지 않고 변화할 뿐만 아니라 엄정하다는 사실을 잊어서는 안 된다.

출처 : abc뉴스 홈페이지

2000년 12월 13일, 고어 대통령 후보가 대선패배 승복 TV연설을 하고 있다.

출처 : 위키피디아

2007년 12월 10일, 노르웨이 오슬로에서 열린 노벨 평화상 수상식에서 수락연설을 하고 있다.

03

대체될 수 없는 리더의 포용

- 지도자의 인내심과 경청은 공동체 자산
- 정책의 최대공약수 도출가능케 하는 원천
- 다른 입장도 고려하는 「고뇌의 포용력」 긴요

1998년 3월, 김대중 대통령이 초대 비서실장으로 5 · 6공 핵심 인사의 한 사람인 김중권 의원을 지명하자, 다수의 여권 인사들이 "천신만고 끝에 이룩한 정권 교체인데, 대통령의 최측근 보좌를 구(舊)시대 인사에게 맡길 수 있는가"라며 당혹감을 금치 못했다. 김대중 대통령은 "우리가 더 이상 비판하는 야당이 아니고 국정 책임의 주체라는 점을 잊어서는 안 된다"며 "정부 운영의 경험과 역량을 갖춘 인사가 긴요하다"고 강조했다. 아마도 김 대통령이 외환위기를 조속히 수습한 이면에는 정부시스템의 제도적 본질과 국정 운영의 계속성을 꿰뚫고 있었던 내면적 역량이 자리 잡고 있었다고 볼 수 있다.

1989년 김영삼 대통령의 야당 총재시절, 필자가 통일민주당(마포구 공덕동 로타리 소재)이 주최한 '조세정책 대토론회'에 주제 발표자로 초청받은 자리에서 "문제가 많은 부가가치세 폐지에 대해 어떻게 생각하느냐"는 질문을 했다. 주제발표자인 필자가 수긍할 것으로 알고 질문했을 텐데 "우리나라 세수의 35% 이상을 차지하는 부가가치세를 폐지하려면 현행 정부활동의 30%를 줄여야하기 때문에 대체 세목을 마련하지 않는 한 불가능한 제안"이라고 평소 소신을 굽히지 않았다. 김 총재는 젊은 교수의 반박에도 아무런 불편한 기색을 보이지 않고, 다른 의원들의 질의를 유도했다.

필자는 2003년 '정부투자기관경영평가단장'의 자격으로 노무현 대통령이 주관하는 정부혁신 점검회의(8~9인 참석)에 참석한 적이 있었다. 감사원장이 장시간 대통령 면전에서 혁신 주무장관(행정자치부)의 정부혁신방향을 비판하면서 장관의 외화내빈(外華內貧) 행태(?)를 질타하였다. 당시 정부혁신이 대통령의 상징적인 정책의제였다는 점에서 주무장관에 대한 비판은 사실상 대통령에게 화살이 돌아가는 분위기임에도, 대통령은 묵묵히 경청하고 있었고, 회의 말미에 "지적된 문제점을 감안해야 하겠지만, 혁신의 기본취지를 폭 넓게 이해하자"며 자신의 입장을 길지 않게 피력했다. 보통 사람들도 견디기 어려운 상황임에도 회의를 주도하는 국정 최고지도자가 상상을 초월하는 인내심과 참여 인사의 의견을 끝까지 경청하는 모습이 대통령의 대체할 수 없는 정치적 자산임을 깨닫게 됐다.

리더가 갖추어야 할 덕목 중 가장 우선돼야 하는 것은 인내심에 바탕을 둔 '포용력'이다. 리더가 포용하지 않는다면 리더의 의견에 순응하려는 힘이 다른 의견을 제안하려는 의지를 무산시킬 수 있고, 그 결과 상대적 '최대 공약수'를 도출할 수 있는 동력이 떨어질 수밖에 없기 때문이다. 리더가 자신의 주장과 다른 의견을 경청하지 않는다면 리더의 의지와 집착에 경도된 결정으로 귀결될 것이다. 그러나 리더와 다른 입장이 고려되지 않음으로써 일정 기간이 경과한 후 잠복되었던 주요 문제점이 노정된다면 이미 실기(失機)한 상태에서 당초 결정은 번복되기 어렵고 정책 실패에 직면할 여지가 있다. 이런 점에서 리더의 포용력은 개인적 · 인간적 덕목에 국한되지 않고 공동체의 비전 실천을 조율 · 결집 · 향상시킬 수 있는 긴요한 필요조건이고 공동체의 무형자산이라고 말할 수 있다.

미국 레이건 대통령은 재임 중 아침 일찍 반대입장을 쏟아내는 민주당 의원이나 민주당지지 언론인들에게 전화를 걸어 "비판기사를 잘 읽었다. 국정방향 정립에 유익했다. 앞으로 많은 조언을 기대한다"고 소통하는 일이 비일비재했다고 한다. 전화 받는 인사들이 당황스러워하면서도 대통령의 진지한 태도에 감격했다는 이야기를 최고지도자의 단순한 정치적 제스처로 간주할 수만은 없다. 반대자에 대한 그와 같은 여유 있는 경청은 경도되기 쉬운 국정의 흐름을 정상궤도로 유도하는 구심력이 될 수 있기 때문이다.

인간적 면모의 포용력 발휘에 그치지 않고 정책의 내용과 방향을 정립함에 있어서도 상이한 가치관과 정책기조, 심지어 경쟁자의 입장마저 경청 · 용해할 수 있는 고뇌에 찬 포용력의 발휘는 국정운영의 안정과 통합은 물론이고 견고한 미래 국정 좌표의 정립에 직결된다는 사실에 유념해야 한다. 반대정당의 입장을 수용하지 못한다고 하더라도 반대입장에 대한 경청과 정중한 응답만이라도 상대정당의 격렬한 예봉을 둔화시킬 수 있다는 사실을 지나쳐서는 안 된다. 더 나아가 반대입장마저 세심하게 집중하면 집행 과정에서 유익한 참고 사안이 될 수 있고, 추후 새로운 의제설정의 단초가 될 수 있다는 점도 간과해서는 안 된다.

04

공감의 언어에 익숙한 리더

- 소모적 네거티브 공방 절제되어야
- '나만이 최선의 대안' 환상 벗어나야
- 국정 비전 실현할 조율역량 중시

선거과정에서 대통령 후보 또는 여 · 야 정치권 인사들의 토론을 지켜보면서 안타까움을 금하기가 어려울 때가 많다. 국정을 어떻게 이끌어나갈 것인지의 핵심주제에서 일탈한 비방, 질타, 말꼬리 잡기 등 낯 뜨거운 공방은 후보자를 선택해야 할 시청자들의 눈살을 찌푸리게 한다. 포로로 잡힌 적장(敵將)에게조차 당연히 갖추어야 할 금도(襟度)는 찾아보기 어렵고 상대방의 약점 들춰내기와 인신공격, 그리고 자화자찬이 난무하는 과정에서 시대정신에 부합한 국정 비전의 제시와 후보자의 정책포지션이 표류되는 듯하다.

평범한 사람들 사이에서도 언성을 높이고 본질에서 벗어나 말꼬리를 물고 늘어지며 공격하는 사람은 환영받지 못한다. 하물며 국정을 이끌어가겠다고 나선 후보야말로 국민의 눈높이에서 벗어난 소모적 공방을 절제해야 한다.

미국 · 영국의 전통 있는 사립고등학교에서 중시하는 교육의 하나로 발표역량(presentation and speech)을 꼽는다. 자신의 생각을 주어진 시간 안에 명확히 유연하게 전달하는 역량이야말로 전공을 불문하고 자신의 미래를 결정짓는 핵심요소의 하나로 간주되기 때문이다. 청중 또는 시청자에게 상처를 주지 않으면서 자신의 입장을 피력하는 의연한 자세, 그리고 짧은 스피치에서도 유머를 통해 청중을 공감시키려는 훈련 역시 미래의 참된 지도자로 성장케 하는 저력이 될 수 있다는 사실을 눈여겨볼 필요가 있다.

다수 국민들은 선거양상이 네거티브공방으로 기울어질 경우 「누가 덜 최악인가」를 선택하는 곤혹스러움을 토로한다. 정도(正道)에서 벗어난 공방이 과열을 빚게 되는 것은 「우리 후보가 최선이고 다른 후보가 된다면 최악의 상황에 돌입하게 된다」라는 이분법적 집단 도그마(dogma)가 뿌리내리고 있기 때문이다. 이는 내가 지지하는 후보가 「절대적 우위」를 지니고 있다는 자기최면(自己催眠)에서 비롯된 것이다. 다른 후보보다 「더 잘할 수 있을 것이다」라는 상대적 우위를 보다 많이 확보한 후보가 최종 선택되는 선거의 본질을 간과한 것이라고 볼 수 있다.

거친 언사를 쓰면 마치 결단력 있는 것으로 보일 것이라는 착각에서 벗어나야 한다. 만일 선출된 뒤에도 그런 언어 습성을 고수한다면, 과연 산적한 국정 난제(難題)들을 풀어나갈 조율역량을 발휘할 수 있을까? 극단적 비유로 상대방을 궁지에 몬다고 해서, 경쟁자의 지지자들이 마음을 바꾸고, 자신의 상대적 위상이 격상된다고 믿는 것 역시 아전인수(我田引水)의 우(愚)에 해당한다. 특정상황에서 만들어진 자신의 무용담을 스토리텔링으로 극화시키면서 우월한 공적 역량으로 포장함으로써 지지율 확대를 꾀하는 것 역시 헛된 희망에 불과할 뿐이다.

비방에 치중하는 후보를 뽑지 않는 대신 정제된 언어로 절제를 보이며 아래와 같이 상대후보의 존재가치를 인정하는 후보에게 지지를 보낸다면 우리의 정치문화가 한 단계 격상될 것이다.

「후보님의 정책은 새로운 착상임이 분명하고 일부 국민들의 지지를 받지만, "보편적 국민이익"의 실현에는 제약점이 있다고 믿기에 구체적 정책의제로 삼기에는 신중한 판단이 긴요합니다」

「후보님의 반대의견을 접하니, 고려할 점이 많다고 판단됩니다. 다시 정리해 입장을 보완하겠습니다.」

「후보님께서 제시하신 내용은 저의 팀의 공약으로 수용할 필요가 있다고 생각합니다. 향후 국정방향 설정에 반영하겠습니다」

「지적해주신 문제점은 비록 저의 사적 영역이지만, 공인의 위치에서는 국민의 의혹을 살 수 있다는 점에서, 소상히 밝히도록

하겠습니다. 후보님의 지적은 공인으로서 앞으로 더욱 행동거지를 사려 깊게 하라는 충고로 받아들이겠습니다」

05

절제력은 리더의 숨겨진 지혜

1. 선출권력의 '자기규제역량' 긴요
2. 헌법기관의 가치수호 노력 보장해야

1. 선출권력의 '자기규제역량' 긴요

A 전직 대통령 시절, 행정안전부가 청와대 인사비서관실을 거쳐 올린 1급 공무원(고공단 '가'급) 전보 인사안이 최종 재가 과정에서 거부되었다. 고위공무원 전보 인사는 법령상 대통령이 발령권자이지만 통상 확인 수준으로 이루어진다. 그런데 승진 대상자 한 사람이 대통령 후보경선에 나섰던 광역자치단체장을 보좌한 경력이 인사권자의 심기(?)를 불편하게 했던 것이라는 소문이 전해졌다. 승진이 좌절된 그 공무원은 몇 년 후 국회의원으로 선출되었고, 현재 여당의 중요 당직을 맡고 있다.

B 전직 대통령의 경우, 핵심 최측근 참모를 임용하는 과정에서, 자신과 오랜 교분을 가졌지만 임용 직책의 역할에 비추어 그렇게 바람직하다고 생각하지 않았던 인사가 추천되었다. 대통령은 "사적 관계에서는 적절하다고 생각하지 않았지만, 여러분이 추천하는 것을 보니 내 선입견이 맞지 않는 것 같다"면서 주저하지 않고 추천된 사람을 임용했다.

2003년 노무현 대통령과 평검사들과의 공개토론에서 거친 화법의 질의응답을 통해 대통령의 심기를 어렵게 했을 수 있었던 검사들이 그 후 인사상의 불이익을 받았다는 이야기를 들어본 적이 없다. 아마도 상급자 앞에서 직언하는 젊은 검사들의 패기를 수용하고 자신의 권위 손상으로 간주하지 않은 결과라고 판단할 수 있다.

공직자의 권한 행사 시 자신의 감성적 인식을 얼마나 적절히 절제하느냐는 공적 결정에 상당한 영향을 줄 수 있다. 해서는 안 될 말을 스스로 규율하고, 마음에 내키지 않지만 꼭 해야 할 일을 흔쾌히 행하는 내면의 '자기 규제 역량'은 책임 공직자가 갖추어야 할 요건의 하나이다. 설령 일시적으로 유약한 듯 보일지라도 과감히 절제력을 발휘하는 것이 궁극적으로 공적 목표에 다가설 수 있다는 점을 간과해서는 안 된다.

2. 헌법기관의 가치수호 노력 보장해야

행정수반의 재량 영역으로 간주되는 인사권 행사에 있어서도 무언의 절제가 긴요하다. 특히 권한의 행사 여부를 신중히 판단해야 하는 법무·감사·감찰 영역에서의 절제력은 공적 권위와 신뢰를 확립하는데 필수적 요소의 하나임에 틀림없다.

예를 들어, 대통령과 감사원장, 법무부 장관과 검찰총장의 관계는 법체계상 감독관계의 형태를 띠고 있지만 그러한 권한관계는 사실상 해당 기관의 설립 목표와 준(準)자율적 의사 결정을 보장하기 위해 '발생할 수 있는 일탈'에 대비하는 예외적 상황을 염두에 둔 것이다. 이들 기관에 부여된 헌법적 가치의 실현을 보장하는데 주력해야 할 상위 기구가 감독권을 빈번히 자의적으로 행사한다면 해당기관의 독자적 존립 가치를 훼손할 여지가 있다. 선출 권력이라고 해서 이들 기관에 대해 총체적 관할권을 손쉽게 행사할 수 있다는 믿음을 갖는다면, 역설적으로 헌법적 가치를 훼손할 수 있는 자기모순의 함정에 빠질 수 있다는 우려를 배제할 수 없다. 선출권력은 헌법기관의 가치를 보장해야 할 궁극적 책무를 안고 있다는 사실을 간과해서는 안 된다.

선출 권력의 개입 불가피성을 인정한다 하더라도 이에 못지않게, 기관 구성원의 전문적 공직 윤리와 불문율적(不文律的) 전통, 그리고 상당수 국민의 보편적 기대가 함께 고려될 때 헌법적 가치가 실현될 수 있다는 점에 대해 폭넓은 공감대가 형성되어야 한다. 특히 법질서 유지의 책무를 맡고 있는 검찰 조직의 경우, 법 집행의 객관성·전문성·일관성을 고려할 때, 여타 행정 부서와는 다른 기준의 정무적 통제의 전통이 뿌리내려야 한다.

선출 권력이 '전가의 보도(傳家寶刀)'라는 생각을 접고 '균형된' 절제의 시스템을 지켜 나갈 때 프랑스 계몽정치사상가 장자크 루소가 강조한 '일반의사(Volonté générale)'에 근접할 수 있다. 이러한 사실을 직시할 때 선출 권력의 실질적 정당성이 진가를 발휘할 수 있다.

06

진정성 있는 소통

1. 지도자의 침묵은 금이 아니다
2. 국민신뢰를 회복할 수 있는 「지도자의 사과」
3) 공직자의 정직은 양보할 수 없는 조건
   - 부정직(不正直)은 정책결정 왜곡하는 사회적 비용 초래
   - 지지그룹이 거짓을 정당화할 수 없어

1. 지도자의 침묵은 금이 아니다

어린 시절부터 누구에게나 친숙한 「침묵은 금이다」라는 말은 불필요한 말을 하지 않는 무거운 입을 가지라는 의미일 것이다.

20년 전 미국 명문 사립고등학교 교장을 만날 기회가 있어 "이 학교의 어떤 교육이 명문대학 진학률을 높게 만드느냐"고 물으니 예상외의 응답에 필자가 무안해졌다. "우리학교는 학생들이 성숙한 시민으로 갖추어야 할, 첫째 정직성, 둘째 명확한

자기표현, 셋째 진지한 경청을 스스로 체화하도록 학생지도에 주력하고 있다"고 말했다. 특별한 교육방법이나 고유한 선수(先修)교과과정을 기대하고 물었는데 이에 아랑곳하지 않고 누구나 다 알고 있는 「정직과 소통」을 교육의 최우선 목표로 삼는다는 말을 듣고 멀쑥한 심정을 감추기 어려웠다.

성숙한 시민으로서 갖추어야 할 요건의 하나가 소통이라면, 소통 자체가 본업인 정치지도자의 소통 의지와 역량은 양보할 수 없는 필수조건이다. 주요 이슈가 터졌을 때 책임 있는 공직자가 침묵으로 일관하면 과연 최소한의 입장이라도 듣고 싶고, 알고 싶어 하는 다수 국민의 기대를 누가, 어떻게 만족시킬 수 있을까?

보통 사람들의 사사로운 침묵과 정치인의 침묵은 차원이 다르다. 보통사람들은 자신의 입장이 난처할 때, 상대방이 곤란해지거나 갈등의 단초를 제공할 가능성이 있을 때, 침묵의 자세를 취한다. 하지만 국민의 공통이익과 국가의 보편적 목표를 실현해야 할 정치지도자는 비록 인간적 · 개인적 차원에서 침묵하고 싶은 내면적 동기가 존재하더라도 명확한 메시지 전달의 책무를 실행해야 한다. 이런 상황에서의 침묵은 「금」이 아니고 자신의 역할을 간과하는 것이다. 지도자의 침묵과 공적 책임은 양립할 수 없기 때문이다.

많은 국민들은 침묵해야 할 때 외치고, 당당히 소신을 밝혀야 할 때 침묵하는 지도자의 모습에 익숙해져있다. 자신에 대한 긍정적 기대와 평가가 일정선을 넘어섰을 때 절제의 침묵을 유지해야 미덕일 수 있지만 자신이 불리할 때 궤변(?) 수준의 주장을 강변하는 양상은 국민의 평균적 정치의식수준을 밑돌 수 있다. 몇 년 전 법무부와 검찰 간 사상유례없는 사법소송으로 이어진 갈등사태가 발생했을 때, 수습의 당사자인 내각의 수반이 당연히 명쾌한 입장을 밝혀야 했음에도 침묵으로 일관한 것을 다수 국민들이 어떻게 받아들였을까?

민주주의의 기본가치가 훼손되는 사건이 발생했을 때 지도자의 명확한 입장이 표명되지 않고 침묵으로 일관한다면 「당연히 해야 할 일」의 회피로 비추어질 수 있지 않을까?

2021년 7월, 대법원에서 확정 판결된 댓글 조작의 문제는 비록 당선의 유효성 문제를 배제하더라도 민주주의 대의제도의 근간인 투표행위에 영향을 준 중대 사안이라는 점을 간과해서는 안 된다. 일부 국민과 정치지도자들은 대법원의 판결에 불만을 표시했고, 또 다른 국민들은 대법원의 판결이 적절하다고 믿었지만 이 문제는 국민들의 정치적 지지성향에 따라 승복여부를 가릴 수 있는 사안이 아니다. 그렇다면 그러한 문제의 최종종착지라고 할 수 있는 책임공직자의 분명한 입장이 표명되어야 한다. 설령 정서적으로 아쉬운 마음이 들 수 있고 기술적 문제에 대한 판단착오가 있을 수 있다고 하더라도, 국가 최고법원의 최종판단이 나온 이상, 민주주의의 기본가치를 지켜야 할 최고지도자가 직설(直說)로써 다수 국민을 납득시켜야 한다.

주권자인 국민의 투표행위에 어떠한 작위적 개입도 허용되지 않는다는 원칙이 철저히 준수될 때 명실상부한 「주권재민(主權在民)」의 생명력이 유지될 수 있다. 이러한 원칙이 침묵 속에 묻혀서는 안 된다. 침묵 속에 묻힌다면 공동체가 추구하는 기본가치가 손상될 수 있기 때문이다.

2. 국민신뢰를 회복할 수 있는 「지도자의 사과」

인간 누구나 매일을 살아가면서 감사해야 할, 그리고 사과해야 할일이 많다. 혹자는 자신이 인간으로서의 기본을 지키고 살아왔는지를 확인하는 방법으로 "Thank you"와 "Sorry"를 제대로 실행해왔는지를 스스로 물어보는 것이라고 말한다.

사실 「Thank you」와 「Sorry」를 적기에, 적절히, 정성을 다해서 실행하는 일이 결코 용이하지 않다. 이해관계가 달려있거나, 자존심 손상을 우려해서, 경우에 따라서는 의도하지 않은 무관심과 무의식속에서 감사 또는 사과의 언급을 지나치는 수가 많다. 평범한 일반인들도 지켜야할 생활태도임이 분명한데, 지도자는 평범한 사람들의 수준을 뛰어넘어 주권자의 마음을 이해시킬 수 있는 「감사」와 「사과」의 책무를 수용해야한다.

감사하는 마음과 태도는 리더의 위치에 비추어 그런대로 기대할 수 있지만, 「사과」의 시점과 방식, 그리고 진정성은 지도자의 품격뿐만 아니라 국정운영의 신뢰에 영향을 미칠 수 있다는 사실을 간과해서는 안 된다. 명백한 사과는 분명 미래의 국정향배를 결정해주는 요소의 하나로 간주되기 때문이다.

정책실패에 대한 사과는 물론이고, 자신의 언행 등 공적 지위에서 국민들이 주목하고 있는 이슈에 분명한 메시지를 밝히는데 주저해서는 안 된다. 변명을 늘어놓으며 불가피한 측면이 있었다는 식의 사과는 겉포장만 사과일 뿐 사과의 진정성을 의심받을 수 있다.

사과에 분명 부실함과 과오를 인정하는 내용이 담겨야 한다. 책임을 자임하고 추후 이러한 상황이 발생하지 않도록 최선의 노력을 경주하겠다는 다짐이야말로 지도자의 품격은 물론이고 「앞으로 잘할 수 있다」는 가능성을 보여주는 신호라고 해석할 수 있다.

3. 공직자의 정직은 양보할 수 없는 조건

- 부정직(不正直)은 정책결정 왜곡하는 사회적 비용 초래
- 지지그룹이 거짓을 정당화할 수 없어

1) 정직은 평범한 생활인에게도 기본 덕목

1980년대 초, 필자의 미국 뉴욕 맨해튼 유학시절, 천신만고 끝에 입주했던 기숙 아파트의 2년 임대 기간이 끝나 주변의 비싼 민간 아파트로 옮겨야 하는 상황에 처했다. 고민 끝에 대학의 '주택관리책임자'를 찾아가 재연장을 호소하기로 마음먹었다. 500달러에 불과한 은행 잔고증명서를 보여주며, 경제적 어려움으로 인해 대학 밖의 민간아파트를 구할 형편이 안 되니 박사 논

문을 끝낼 수 있는 2년 기간까지 연장해 달라고 읍소했다. 나는 민간 아파트의 비싼 임차료를 지불하기 위해 유학생으로서 허용되지 않는 '불법 취업'을 할 수 없다고 첨언했다. 사실, 큰 기대를 하지는 않았지만 마지막으로 최선의 노력을 해보자는 마음으로 시도한 것이다. 며칠 후 '주택관리 책임자'는 나를 불러 2년 연장을 허락하며 순조로운 박사 학위 완결을 격려했다. 그는 일부 유학생들이 부모님이나 가족의 유고, 출산 등 감성적으로 거절하기 어려운 사유를 들어 아파트 연장을 요청하곤 하는데, "경제적 여력이 없어 연장이 긴요하고 불법취업을 할 수 없는 처지를 감안해달라"라고 솔직 · 담백하게 주장하는 학생은「예외적(exceptional)」이라고 말했다. 그의 언급에는 일부 학생들이 기숙 아파트 연장을 위해 의도적으로 불가피한 사유를 만들어 자신을 곤혹스럽게 만들고 있다는 '언중유골(言中有骨)'이 담겨 있었다. 이 일을 겪으면서 아무리 곤경에 처했더라도 이를 모면하기 위해 거짓말은 물론이고 사실을 과장 · 왜곡해서는 안 된다는 평범한 지혜를 새삼 깨닫게 되었다.

2) 정직은 지도자의 선행조건

대선 · 총선을 치를 때마다 선출직 공직자의 기본 자질이 유권자들의 시선을 끌고 있다. 선출직 공직자가 가져야 할 기본 덕목으로 '정직, 인내, 포용'을 꼽고 싶다. 평범한 시민들마저 이러한 덕목을 갖추고 실현하려고 노력하고 있다. 하물며 공적 가치를 추구해야 하는 선출직 공직자들이야말로 일반인들과 달리 이러한 덕목이 선택적 차원이 아닌 진정으로 체화되어야 할 필수적 요건임을 인식해야 한다.

그중에서도 말과 행동의 일관된 정직성은 역량과 이념, 그리고 유권자의 지지 강도를 불문하고 반드시 갖추어야 할 양보할 수 없는 필요조건이라는 점을 결코 유연하게 해석해서는 안 된다. 공직자는 일반인들과 달리 자신의 정직성에 대한 「의구심의 시선」 마저도 건실하게 응답하고 해소하는 자세를 갖추어야 한다.

1970년대 미국의 닉슨 대통령이 워터게이트사건으로 탄핵되기 직전에 사임했던 것도 불법도청 사건 자체보다 대응 과정에서의 거짓말에 기인한 것임을 기억해야 한다. 우리 사회에도 '무능함은 이해할 수 있어도 거짓은 용서할 수 없다'라는 믿음이 유권자들의 의식 속에 견고히 자리 잡아야 한다. 그렇게 되면 거짓 언행에 익숙한 정치인은 자연 도태될 수밖에 없고, 정치권에 대한 국민적 신뢰는 높아질 수 있다.

3) '무균 정치문화'로 「모범국가」격상 계기되어야

안타깝게도 우리 사회에 정치인 또는 고위공직자의 거짓말을 둘러싸고 '어느 정도 이해할 수 있다'라는 관용의 물줄기가 존재하고 있지 않나 하는 우려를 불식할 수 없다. 특히 특정 정치인에 대한 정치적 지지그룹의 존재가 뚜렷할 경우 그에 대한 일관된 지지가 가져오는 집단이익이 불가피한 거짓으로 인한 사회적 비용을 능가할 수 있을 것이라는 시각은 불식되어야 한다. 거짓을 정치과정의 파생적 문제로 인식하는 행태는 보편적 가치 실현을 위한 대의민주주의 발전의 제약 요소가 됨이 분명하다.

개인의 거짓말은 개인 차원의 인격적 결함으로 지나칠 수 있지만 공직자의 거짓은 공공의 정책결정을 왜곡시킴으로써 그로 인한 사회적 비용이 지대하다는 점을 간과해서는 안 된다. 그러기에 이유 여하를 막론하고 지지그룹의 존재가 정치인의 거짓을 정당화하는 수단이어서는 안 된다. 의혹을 받고 있는 정치인들은 정직하지 못한 점이 드러날 경우 그것을 시인하고 사과하는 것이 공직자로서 기본책무라고 생각해야 한다.

우리나라가 짧은 기간 내에 국민소득 수준과 국가 경쟁력에 있어 모범국가로 부상한 것을 거울삼아 정치인의 거짓이 존립할 수 없는 「무균 정치문화」가 견고히 정착된 정치 모범국가로 한 단계 격상되어야 한다.

4장

국정 리더가 주력해야 할 과업

01 「국가안위(安危)」가 최우선

02 이분법적 대외관계 프레임은 금물

03 국가 안위 · 번영 위한 「공통가치 영역」 설정

04 '개혁구호'의 명확한 목표 설정

05 「보편적 편익」우선하는 선출권력의 성숙성(maturity)

06 「인사가 만사」라는 평범한 진리의 실천

07 고언(苦言)을 자청하는 리더

08 팀플레이 주도하는 리더

09. '다수의 유혹'에 거리 두는 리더의 고뇌

10 객관적 정보의 확인 시스템과 「check & balance」 주력

11 중립적 관료제의 권위 존중

12 임기종료 앞둔 「객관적 자기평가」

대통령을 포함한 국정 리더는 다양한 국정 영역중에서 국가안위(安危)를 튼튼히 하는데 최우선 순위를 두어야 한다. 이 과정에서 대외관계를 이분법적 구도로 접근해서는 안 되고, 진보 · 보수, 여 · 야를 불문하고 「기본 국가이익」에 대한 공통의 가치 영역을 설정해 협치를 선도해야 한다. 대통령이 주요 정당의 후보에서 출발하였지만 국민 모두의 최고 공복으로 격상되었다는 사실을 지나쳐서는 안 된다. 「통합의 리더」는 특별한 캐치프레이즈가 아니고 국정최고 책임자의 본질적 위상이라고 생각해야 한다.

대통령은 역량과 결기를 갖춘 인재 발탁의 기본 책무를 안고 있으며, 내각과 주요 참모를 주축으로 팀플레이 정신을 적극 구사해야 한다. 이러한 과정에서 고언할 수 있는 인재를 곁에 두는 숨은 지혜를 발휘해야 한다.

구체적 정책 선택과 관련하여, 개혁의 목표와 내용을 명확히 설정하고 공감대 형성을 위한 꾸준한 노력을 투입해야 한다. 주요 의사결정 시 막연한 여론 수렴이나 특정 그룹에 기대지 않고 「보편적 편익」의 존재를 지속적으로 확인하는 성숙된(matured) 경세가의 전범을 보여야 한다. 이러한 과정에서 국가 관료제의 권위도 일응(一應) 존중하면서 국정상황을 둘러싼 다양한 정보를 객관적으로 확인하고 「견제와 균형」의 자세로 산적한 과제를 풀어나가야 한다.

임기종료를 앞두고, 국정운영에 대한 객관적 진단을 토대로 차기 정부가 주력해야 할 과제를 제시하는 「자기성찰」노력은 국민의 신뢰를 높일 수 있는 계기가 될 수 있다.

01

「국가안위(安危)」가 최우선

- 선출과정에서부터 견고한 의지 피력해야
- 지지층 확보 위한 선심공약에 가려져선 안돼

4강으로 둘러싸여 북(北)과 대치하고 있는 우리의 엄중한 대외 여건에서 명확한 좌표를 설정하고 국가보위 역량을 견고히 하려는 의지와 방향을 명확히 제시하면서 이를 실천하는 과업이야말로 대통령을 포함한 선출직 공직자에게 안겨진 최우선 순위의 책무이다.

2021년 8월 탈레반 세력의 전광석화 수준의 카불 점령과 아프간 지배는 트럼프 행정부의 철군협약과 바이든 행정부의 철군 결정 및 준비태세의 부실함을 적나라하게 보여주었다. 철수공항에서의 아비규환 테러현장을 지켜보는 세계 시민들은 베트남 사이공에서의 미군 철수 당시 혼돈을 능가하는 참상에 경악했다. 2022년 초 점화된 러시아의 우크라이나 침공 사태는「스스로의 힘으로 나라를 지키지 못하면 강대국의 비호나 한때의 동맹관계는 물거품처럼 사라진다」는 우려와 교훈을 각인시켜주고 있다.

지도자의 책무는 크게 대외부문과 국내부문으로 나누어진다. 국내부문의 정책방향과 선택은 시대정신과 지향하는 이념에 따라 다양한 의견의 투입이 열려있고 여 · 야의 조율을 통해 최종결정이 이루어지지만,「국가안위」에 관한 대통령의 책무는 이념적 선호, 정파적 입장과 타산이 개입할 여지가 적은 무한책임의 영역이다. 대통령 선출과정에서 지지자를 확보하기 위해 동분서주하며 유권자의 주목을 끄는 다양한 공약을 제시하는 것은 충분히 이해할 수 있지만, 이러한 지지층 결집 이전에 후보자가「국가안위」에 대한 분명한 철학과 이를 뒷받침할 국가역량 구축의 밑그림을 제시하는 노력이 선행되어야 한다.

최고공복으로서 가장 손꼽아야 할 자질은 단연코 국가의 존립과 안전에 관한 냉철한 인식과 준비된 역량이라고 말할 수 있다.「국가안위」의 문제를 최우선적인 과업으로 인식, 정치적 이해득실을 떠나 국가 미래의 방향을 견고히 정립하는 역할에 매진할 때 진정한 국가지도자의 길에 다가설 수 있다는 점을 명심해야 한다.

슈퍼파워에 둘러싸인 우리의 안보를 튼튼히 하고 대외경쟁력을 유지 · 확산시키기 위해서는 국가역량을 결집할 남다른 리더십이 긴요하다라는 사실은 새삼 강조할 필요조차 없다. 서민대통령? 혁신대통령? 공정과 기회의 대통령? 경제대통령? 청년희망 대통령? 등 나름대로 의미가 있지만 무엇보다 국가 안위를 견고히 다지면서 다양한 가치와 입장을 보편적 · 필수적 국가이익으로 조율 · 결집할 수 있는 총화적 팀플레이 리더십이 긴요하다.

1938년 영국의 체임벌린 총리가 히틀러와 「체코 수데텐지역 양여」와 관련, 뮌헨협정을 체결하고 귀국했을 때 영국언론은, "이제 유럽의 평화를 찾았다"고 환호하였다. 이 시점에, 유독 윈스턴 처칠이 뮌헨협정의 허구성을 파악, 히틀러의 야욕을 예견

출처 : http://upload.wikimedia.org/wikipedia/commons/9/9c/Bundesarchiv_Bild_183-R69173%2C_M%C3%BCnchener_Abkommen%2C_Staatschefs.jpg

1938년 9월 30일, 독일 뮌헨 협정 체결
[왼쪽부터 네빌 체임벌린 영국 총리, 에두아르 달라디에 프랑스 총리, 아돌프 히틀러, 베니토 무솔리니, 갈레아초 치아노(무솔리니의 사위)]

하고 경고했다. 윈스턴 처칠이 2년 후 총리가 되어 제2차 세계대전을 승리로 이끄는 주축이 되었다는 역사적 사실은 냉철한 지도력이 국가위기를 넘기는 핵심요소의 하나라는 점을 분명히 보여주고 있다.

2022년 대선과정에서 논의되었던 「기본소득」의 도입, 명실상부한 공정과 법치의 실현, 서민생활의 안정 등의 이슈가 우리의 삶과 직결된 것이 분명하지만, 이러한 이슈 못지않게 미 · 중 갈등의 심화와 복합대전환의 시대적 변화에 걸맞은 한 · 미동맹의 진화를 모색하면서, 이를 토대로 실사구시(實事求是) 관점에서 일본과의 대승적 협력체계의 구축, 그리고 중국 · 러시아와의 상호이익의 틀을 어떻게 균형 있게 조율할 것인가에 대한 신중하되 명확한 대처가 긴요하다. 이런 이슈에 관한 견고한 방향과 입장이 정립됨으로써 미래의 불확실성을 거두어내려는 노력에 일말의 오류도 발생해서는 안 된다.

국가안위에 관한한 여 · 야가 따로 없고, 보수 · 진보가 구별되어서는 안 된다. 특히 보수 · 진보의 이분법적 진영대결이 지속되고 있는 바람직하지 않은 분위기 속에서 국가안위의 엄중함을 냉전시대의 수구적 접근으로 폄훼하는 것은 오히려 국가존립의 헌법적 가치를 훼손하는 것이라고 볼 수 있다.

02

이분법적 대외관계 프레임은 금물

- 민간인 피해 거론 않는 베트남의 외교역량
- DJ의 '한일 파트너십 공동선언' 반면교사
- 정치권이 미래지향적 '의식의 격상' 주도

국제정치에서 「영원한 동맹도, 영원한 적도 없다」는 사실을 부인하는 사람은 없다. 국가 간 경쟁에서 자국의 이익을 증대시키는 일은 그야말로 치열하고, 복합적일 뿐 아니라 예측하기 어려운 다양한 변수가 상존하기에 국가 간 관계가 영속적일 수만은 없다. 표면상으로 평화와 공동번영을 강조하지만 사실상 「자국 우선주의」로부터 자유로운 국가는 찾기 어렵고 국력이 뒷받침되지 않으면 치욕과 좌절을 겪을 수 있다는 사실을 냉철히 인식해야 한다.

4대 강국에 둘러싸인 지정학적 위치와 수출입의존도가 높은 경제구조를 지니고 있는 우리나라의 경우, 견고한 국민적 지지기반 위에 물샐틈없는 치밀한 포지션의 정립을 통해 대외정책이 수립되면서 남다른 전방위적 대외역량 증대 노력이 지속적으로 투입되어야 한다. 90년대 말 외환위기의 발생과 극복, 2016년 사드 배치 과정에서 겪은 국가 안보와 국민경제의 혼미 사태는 원숙한 대외관계가 국가이익 방어에 필수적 조건임을 말해주는 사례이다.

국가 간 관계에서 신중하고 일관된 기조를 유지하며 신뢰를 축적하고 때로는 내면적으로 노회한(?) 수준의 상호이익을 도출해야 할 때가 많다. 이럴 때, 대통령을 포함한 정치권이 주변국과의 관계 정립에 이분법적 프레임을 통해 여론을 주도하고 정치적 목표를 달성하려고 시도한다면 본말이 전도될 가능성이 높다. 정치권 스스로 이분법적 프레임으로 지지층을 결집하는 행태는 정치적 동기의 순수성을 불문하고 절제되어야 한다.

국가안보와 국민경제 목표의 우선순위 배합에 따라 신중히 접근해야 할 사안이 소위, 친중 · 반중, 친일 · 반일 등 허상에 빠진 특정 이데올로기에 의존하는 감성적 과거편향 구도 속에서 국내정치의 종속변수로 오도되는 것은 국가이익을 표류하게 할 소지를 다분히 안고 있다.

네덜란드가 인구, 면적, 국제정치 위상 측면에서 비교가 되지 않는 인접국 독일, 프랑스, 영국과의 관계에 있어 다양성의 극대화와 치밀한 등거리 외교를 일관되게 구사하고 있음은 1,700만

인구의 네덜란드가 세계 5위 교역국가의 위상을 유지하는 원동력이라는 점을 간과해서는 안 된다. 수차례 전쟁에서 독일군에 짓밟혔던 참혹한 역사에도 불구하고 네덜란드 정치권이 반(反)독일 이슈를 제기하는 사례를 찾아보기 어렵다. 베트남 정부가 우리의 월남참전으로 인한 민간인 피해를 국정 의제로 삼지 않고 미래지향적 협력에 매진, 국익극대화를 추구하는 외교역량을 발휘하고 있음은 한국계 기업에 기반을 둔 전자제품을 베트남 수출 1위 항목으로 부상하게 만들고 박항서를 베트남 국민감독으로 탄생시킨 밑거름이 되었다고 볼 수 있다. 1998년 김대중 대통령이 국내의 반발여론에도 불구하고 오부치 게이조 일본 총리와 「21세기 한일 파트너십 공동선언」을 채택하여 일본의 대중문화를 개방한 조치는 일본내 케이 컬쳐(K-culture)의 씨앗이 되었다는 사실을 되새길 필요가 있다.

국민 개개인이 해당 국가에 대해 호(好) · 불호(不好)의 정서를 가질 수 있다. 상당수 국민들이 일제강점기의 직 · 간접 피해자일 수밖에 없고, 6·25전쟁을 거치면서 중공군은 물론이고 심지어 UN군으로부터의 상처도 잔존할 수 있기 때문이다. 그럼에도 불구하고 국익 수호의 책무를 안고 있는 국민대표자들은 상당수 국민의 뼈아픈 정서를 기억하되, 이를 뛰어넘어 미래지향적 국가이익의 차원에서 「입장」과 「정책」을 격상시키는 「의식의 진화」를 실천하는 용기를 아끼지 않아야 한다. 우리 정치권이 주변국을 둘러싼 친(親) · 반(反)논쟁에서 벗어날수록 다른 나라

와의 경쟁에서 우리의 좌표를 뚜렷이 세우고 자강(自强)에 더욱 다가설 수 있다는 믿음이 견고히 뿌리내려야 한다.

03

국가 안위 · 번영 위한 「공통가치 영역」 설정

- 진보 · 보수 한쪽으로 편향된 「반쪽 정부」의 탈피

새롭게 전개되는 국제 정치 · 경제 질서의 변화에 효과적으로 대처하기 위해 안보역량을 보강하고 한국 경제의 위상과 활력을 격상함으로써 국체(國體)의 안녕과 건강한 성장 궤적을 만들어내야 하는 당위론 앞에 여 · 야가 따로 없다. 방법론만 다르고 우선순위에 상대적 차이가 있을 뿐 본질적 가치에는 이견(異見)이 있을 수 없다.

사실 5천만 인구의 세계 유일의 분단국가라는 엄연한 현실을 감안할 때 진보 · 보수간 정치적 대결은 어디까지나 절대적 기준이 아닌 「상대적 우위」의 차원에서 경쟁하는 것이다. 만일 이념 지향성이 양극화(polarized)된 상태에서 선출된 정치권력이 일방

통행을 추구한다면 「반쪽 정부」로 귀착되어 국력의 원만한 결집이 현저히 제약받음은 자명하다. 2022년, 2023년 페루와 브라질이 극한 정치적 대립상황에서 대선을 치른 결과, 선거 이후에도 갈등이 격화되고 국력이 소진되고 있다는 사실을 새삼 강조할 필요도 없다.

여 · 야를 포함한 정치권은 국정운영에 있어 보편적 국가이익의 구도 속에서 「필수적 가치 공유영역」을 설정하고 합의된 핵심가치 영역에서는 일관된 입장을 취해야 한다. 경쟁하고 있는 정당들이 추구하는 목표와 정책방향 역시 이러한 구도 속에서 상호존중하는 정치문화가 뿌리내려야 한다. 상이한 정책방향이 양립하는 경우에도 상호존중을 통한 정책배합(policy mix)의 가능성을 열어두어야 한다.

국민의 기본생활을 국가가 보장해야 한다는 믿음은 헌법조항을 거론하지 않더라도 진보와 보수를 막론하고 국민의 보편적 기대욕구에 뿌리 깊게 잠복되어 있다. 이러한 기대욕구에 대응하기 위해서는 건강한 성장이 지속되어야 함은 물론이고 추가적 세수확보와 지출구조의 지속적 조정이 필요하다. 이를 위해 여 · 야간 가치공유를 위한 균형과 타협의 정치문화가 정착되어야 한다.

현금이전지출을 중심으로 복지지출은 증가하는 반면 조세수입 증대는 정체상태에 머무르는 재정여건 속에서 기본생활 보장에 대한 정치권의 확고한 다짐이 가시화되기 위해서는 현실성 있는 조세제도 개편과 재정개혁의 방향이 정립되어야 한다. 이 과정에서 「성장역량 증대」라는 정책목표에 접근하기 위한 정책수단의 결합을 둘러싸고 의견의 일치를 보기 어렵다. 그렇기 때문에 여 · 야는 「건전성장」과 「경제정의 실현」이라는 상충되는 목표를 어느 수준에서 조율할 것인지에 대한 국민적 정책 합의를 도출해야 한다. 특히 추가적 세(稅) 부담이 초래할 수 있는 상대적 경쟁력의 약화를 어떻게 완화할 것이며, 세 부담의 대부분을 감당해야 하는 소위 「여유 계층」의 동기유발을 촉진하는 공감대를 어떻게 형성할 것인지가 여 · 야 정치권이 추슬러야 하는 최대의 과업이고 대통령 리더십의 꽃이라고 말할 수 있다.

늘 다가오는 총선 · 대선의 승리가 숨길 수 없는 정치적 목표라고 하더라도 근시적 목표에 집착하여 균형감을 상실하고 당리당략의 전술에 경도되는 우(愚)를 범해서는 안 된다. 특히 국정을 주도하는 대통령과 여권은 보편적 목표설정에 충실한 국정의제 수립과 균형감을 갖춘 실행노력을 기울임으로써 그 결과를 차기 선거에서 평가받는다는 긴 안목의 성숙한 자세를 견지해야 한다.

야권 역시 국정의 견제자 · 균형자로서의 고유한 역할을 수행하면서 국정 운영의 필연적 동반자라는 사실을 직시해야 한다. 미래지향적 시대정신을 추구하며 국가 정체성을 높이라고 하는 주권자의 요구를 수용해야 하는 책임은 여 · 야 모두에게 부여되어 있기 때문이다. 야권은 선거패배를 통해 「방관했던 책임」에 대한

각성을 심화시킴으로써, 직전의 실패가 향후 선거의 승리로 귀결시킬 수 있는 값진 선물일 수 있다는 통찰을 되새겨야 한다.

04

'개혁구호'의 명확한 목표 설정

- 개혁 내용에 대한 공감대 형성과 정치적 동기 불식

새정부가 출범할 때는 으레 교육, 재벌, 노사, 복지, 행정, 재정 등 각종 개혁구호가 넘쳐난다. 개혁 착수를 위한 위원회가 꾸려지고 다양한 개혁안이 제안되곤 한다.

변화와 진화를 향한 끊임없는 노력은 아무리 강조해도 지나침이 없다. 문제는 개혁의 목표와 내용을 분명하게 정립하고 구호의 무게와 결과 간 괴리를 줄이려는 노력이 집중되어야 한다는 사실이다.

현실의 어떠한 제도와 정책결정을 막론하고 일정 수준의 문제점과 한계, 그리고 운영 과정에서의 부작용을 배제할 수 없다. 이로 인해 어려움을 겪은 국민들은 해당 분야의 개혁구호에 일단 귀를 기울일 수밖에 없고 자연스럽게 선거 과정에 자신의 입장을 투입할 공간을 활용한다.

현실의 제도를 개선하고 극복해야 할 필요성에 공감 하더라도 부분적인 문제점을 전체 시스템의 오류로 단정하여 기존 제도의 선순환 측면을 일방적으로 격하하는 개혁시도는 본말이 전도될 소지가 크다는 사실을 간과해서는 안 된다. 개혁을 주장하는 일부 시민단체들은 해당 정책에 이해당사자로서 불이익을 받는 것을 마치 해당 제도의 전체시스템의 문제인 것으로 인식할 수가 있다. 그렇다면 자칫 부분의 문제를 전체시스템의 핵심문제로 비화시켜, 제도의 근간을 흔들 수 있는 가능성을 배제할 수 없다. 더 나아가서 개혁구호 내면에 정치적 동기나 특정 집단의 의도가 잠복되어 있다면 자칫 위선과 모순의 프레임에서 자유로울 수 없다. 특히 개혁의 방향과 내용에 관해 다른 입장을 내놓으면 마치 반(反)개혁 수구로 비난하는 시도는 근절되어야 한다.

개혁에 착수하는 과정에서 제도의 존재가치를 큰 틀 속에서 이해하면서 문제점이나 부작용을 치유하는데 초점이 맞춰져야 한다. 그럼에도 불구하고 거창한 개혁구호를 통해 시스템에 대한 상징적 불신을 일방적으로 부추겨 기존 제도의 기본가치를 훼손하는 우를 범해서는 안 된다. 그러기에 제도의 기본가치와 시대정신의 흐름 속에서 문제를 파악하고 바로잡는 원숙함과 균형 감각이 뒷받침될 때 쇄신과 변화가 진전될 수 있다는 점에 주목하여야 한다. 특히 개혁의 목표와 쇄신의 내용이 분명히 정립되고 최소한도의 공감대가 형성되어야 한다. 그러지 않으면 공감할 수 있는 「개혁의 내용물」이 구심점을 잃고 개혁의 막연한 당위성만 요란하고 결과는 용두사미가 될 여지가 높다.

2020년 국민적 관심이 되었던 「검찰개혁」을 예로 들어보자. OECD 모범국가로 평가되는 대한민국에서 검찰개혁이 개혁 의제의 최우선 순위를 차지해야 할 사안인지에 대해서는 좀 더 객관적인 공감대가 필요했다. 검찰조직이 공정하고 엄정하게 그리고 일관성 있는 법집행에 대한 국민적 신뢰에 미치지 못하는 부분이 있다면 대통령, 국회 등 선출직 공복이 치밀한 제도 보완 노력을 기울여야 했다.

만일 검찰개혁의 주된 내용이 고위공직자범죄수사처 신설에 있다면, 왜 공직자수사를 보편적 검찰조직으로부터 분리하여 별도의 전담기구를 설치하는 것이 국민의 기본권 보장과 고위공직자의 책임성 확보에 직결될 수 있는 필수적 요소인지 의아해하는 국민이 많았다. 혹시라도 그동안 검찰이 다루었던 수많은 사건의 일부가 관할권 분리 필요성의 근거가 되었다면 특정 사안의 「일반화 오류」에서 벗어나기 어려울 것이라는 점이 간과되어서는 안 된다.

2020년 검찰개혁을 주도하던 당시 정부 · 여당이 관련법을 국회 본회의에서 통과시켰지만 "과연 수사기관 신설이 진정 긴요한 것인가"라는 상당수 국민의 우려를 불식하기 위해 신설기관의 운영과정에서만이라도 「진정성」이 나타나야 하고, 운영과정을 거치면서 존속가치가 입증되지 못한다면 존폐에 대한 심도 있는 논의가 전개되어야 할 것이다.

05

「보편적 편익」 우선하는 선출권력의 성숙성(maturity)

- 국가재정이 위기 대처의 최후의 보루라는 사실 인식

새로운 사업에 대한 여론수렴 결과가 긍정적으로 나온다고 해서, 장기적 관점에서 반드시 바람직한 결실이 창출된다고 말할 수 없다. 다수의 이해당사자들은 그들에게 도움이 되는 새로운 사업에 지지를 보내는 것은 자명하다. 특히 다수 지역구 의원의 민원성사업 채택 요구는 해당 지역 주민 일부의 편익 증대에는 기여한다고 할지라도 중 · 장기적 시각에서 보편적 이익에 귀결되는 데에는 한계가 있고 불확실성이 잠복할 수 있다. 이러한 과정에서 선출직 공직자의 당선에 기여하는 표심의 향배가 주요 변수가 되는 엄연한 사실을 직시할 필요가 있다.

제안된 사업들이 보편적 가치증대에 기여하는 것인지, 국가의 필수적 영역에 속하는 것인지, 그리고 그러한 사업 추진에 소요되는 비용의 조달이 용이한 것인지를 판단하여 도입여부를 냉철히 결정해야 한다. 이러한 과정에는 여 · 야가 따로 있을 수 없고, 모범답안이 정해진 것이 아니다. 궁극적으로 비용(세금)을 능가하는 「사회적 편익」이 창출되는지를 주도면밀하게 검증하는 과정을 거치고, 추가적 세부담을 짊어지게 될 담세자들의 공감을 도모할 때, 대의제 민주주의에서 발생할 수 있는 「정치적 정책실패」의 위험을 줄일 수 있다.

2021년 손실보상제, 이익공유제의 도입과 관련하여 당시 여권마저 기획재정부의 소극적인 태도를 비판했던 양상은 표와 선거에 집착하는 「정책 포퓰리즘」의 위험을 품었다고 볼 수 있다. 「기재부가 주인인 나라냐?」고 힐난한 어느 정치권 인사야말로 자원배분의 최적화에 매진해야 하는 예산당국의 책무를 간과하는 것으로 밖에 볼 수 없다.

국가재정운영의 책임부서가 「다수의 편익을 가져오지만 보편적 공통이익이 적은 지출항목(소위, 선심성 예산)의 신설」을 주도하거나 정치적 눈치보기식 태도를 보인다면 「나라의 금고지기」라는 본연의 책무를 내려놓아야 한다. 설령 여권이 선호하는 신규사업이라고 하더라도 자원배분의 우선순위를 충족하지 않음을 근거로 반대 또는 보류의 입장을 견지하는 기획재정부의 입장을 존중하거나 최소한 겸허한 설득노력을 기울이는 것이 원숙한 경세가의 자세라고 말할 수 있다.

임명권자인 대통령의 지시에도 「그것은 안 됩니다」라는 입장을 펼칠 수 있는 예산관료가 자리를 지킬 수 있고 그들의 입장을 중시한다면 예기치 못한 대내외적 경제위기의 발생 시 국가재정이 위기 극복을 위한 최후의 보루로서 작동할 수 있다는 사실에 귀를 기울여야 한다.

06

「인사가 만사」라는 평범한 진리의 실천

- 경륜 · 결기 갖춘 인재발탁에 힘써야

무엇보다도 인재네트워크의 구축이 대통령의 순조로운 여정을 가름하는 우선 신호이며 최소한도의 조건이라고 볼 수 있다. 중국, 미국, 일본 등 초강대국에 둘러싸인 우리의 정치 · 경제적 여건은 최정예 인사들의 헌신적 역량을 극대화하는데 한치의 소홀함을 허용치 않고 있다.

우리 정부의 책임 공복들은 주변 강대국 인사들의 개인적 역량과 비교해 당연히 최소한 동일하거나, 오히려 높은 수준이어야 한다. 힘의 우위를 배경으로 갖고 있는 강대국 요인(要人)들을 상대하려면 우리의 종합적 인적 역량이 그들을 능가할 수 있을 때, 대화와 교섭의 균형을 유지할 수 있다는 사실을 간과해서는 안 된다. 국력이 뒷받침되고 있어 프리미엄을 안고 출발하는 강대국과의 교섭일수록 우리의 심화된 공적 역량, 그리고 인간적 자질과 면모를 통해 우리의 국가이익을 반영할 수 있는 공간을 넓혀야 되기 때문이다. 쉬운 예로 글로벌 거대기업과 중기업과의 협력에서 신뢰, 실력, 매너를 갖춘 중기업 경영자의 자질이 영향력이 큰 기업을 설득하고 공감을 이끌어내는데 긴요하다는 사실을 부인할 사람은 없을 것이다.

정치적 편 가르기나 「내 사람을 믿고, 그들에게 맡겨야 된다.」라는 감성적 구태의 방식으로는 우리의 역량을 결집하여 국가이익을 증진하기 어렵다는 사실을 간과해서는 안 된다.

이런 점에서 기본 신뢰를 축적했고 국제사회에서 공신력을 발휘할 수 있는 인재의 발굴과 적재적소 배치는 집권자의 필수적 책무에 해당된다. 개인적 인연에 기초하여 중요직책에 배치할 수 있는 공간이 넉넉하지 않다. 설령 개인적 신뢰가 뒷받침되어야 공적 책무를 원활히 수행할 수 있는 직책이라고 하더라도, 최소한도에 머물러야 하고, 그럴 경우라도 역량은 담보되어야 한다.

07

고언(苦言)을 자청하는 리더

- 부족함 자인하고 경청 · 소통, 포용 · 균형에 매진

많은 사람들은 지도자가 어려운 상황에 처할 때면 "주위 참모들의 역량이 부족하고 진언을 꺼리고 있어 어려움을 자초하고 있다"라고 언급하는 경향이 있다. 이러한 「참모부실론(不實論)」의 이면에는 「지도자의 무결성(無缺性)」에 대한 기대가 암암리에 잉태되어 있지만 역량 있는 참모를 쓰는 것도, 올바른 진언을 할 수 있는 분위기를 만들어 내는 것도 지도자의 몫이다. 이런 점에서 사실상 「참모부실론」은 「지도자 책임론」과 일맥상통한다.

지도자의 최고 역량은 고언(苦言)을 유도할 수 있도록 인재를 발탁 · 배치하고 그들이 소신껏 진언할 수 있는 포용의 시스템을 가동하는 것이다. 천신만고 끝에 권좌의 자리에 올랐지만 완벽

하다고 믿는 사람은 없다. 권좌에 이르기까지 언행불일치와 자기모순의 양상이 어떻게 보면 불가피할 수밖에 없는 측면이 내재되어 있다. 그렇다면 선출직 공직자일수록 자신의 부족함을 새롭게 깨닫고, 이를 보완하기 위해 가혹한 수준의 인재 발굴과 경청 · 소통 노력에 투혼을 살려야 한다. 경청 · 소통은 회의를 빈번히 연다고, 또한 사람을 많이 만난다고, 특정 주제에 거침없는 의견을 제시한다고 원활히 이루어지는 것이 아니다. 진정한 경청 · 소통은 고언을 청취할 수 있는 분위기를 만들면서 이를 경청하고 그 내용을 명료하게 가시화할 수 있는 체계적 시스템을 구축해야 한다. 더 나아가서 리더 자신이 인내심을 갖고 경청하는 자세를 체화해야 한다.

권좌에 앉게 되면 지도자에게 바른말을 진언하는 분위기는 급속히 사라지는 것이 일반적이다. 지도자의 심기를 불편하게 만드는 대화는 지속되기 어렵고, 오히려 지도자의 구미에 맞는 언급만으로도 주어진 시간이 모자란다. 겉으로만 쌍방 대화이지 내용상으로는 상의하달(上意下達)의 일방통행이 대종을 이룰 수밖에 없다.

하루 16시간 내내 복잡다난한 보고와 국가행사 참석, 회의 주도, 주요 사안에 대한 최종 결정, 외빈 면담, 국민과의 다양한 접촉 등 이루 헤아리기 어려운 일과를 소화해야 하는 가혹한 상황을 익히 알고 있는 참모들이 위로와 격려는 못해줄망정 대통령 면전에서 쓴소리를 한다는 것은 사실 어려운 일임이 틀림없다.

이런 상황에서 쓴소리를 자청한다는 것이 허구적 기대일 수도 있다. 그러나 국정최고 지도자는 몸과 마음의 가혹한 피로감을 뛰어넘어 올바른 결정으로 나아가기 위해 머리와 마음을 열어야 한다. 아마도 이러한 불굴의 자세야말로 지도자다운 지도자로 격상시키는 특장(特長)의 무기일수 있다고 볼 수 있다.

복잡다기한 국정과제를 풀어나감에 있어 다양한 언로를 통해 최대공약수를 도출하고 상대적 우위를 확인하는「개방된 결정 시스템」을 정립하는 것은 국가경쟁력의 근간을 이룬다.

지도자는 상하관계가 아닌 대등관계에서 비판과 고언을 청취할 수 있는 인재의 풀을 곁에 두어야 한다. 자문위원회와 고문단 같은 형식적 의전용 인물이 아니라 자신을 야단칠 수 있는 결기와 경륜을 갖추고, 자리와 대가에 연연하지 않을「가정교사」를 삼고초려해서 당당한 파트너로 삼아야 한다. 최고의 지위에 있을수록 겸허한 자세로 자신과 다른 입장을 더욱 중시해야 한다는 마음가짐을 견고히 가질 때, 더멀리, 더높이, 더크게 볼 수 있다는 역사적 교훈을 지나쳐서는 안 된다.

최고책임자가 수십 명을 모아놓고, 비서가 써준 원고를 통해 자신의 입장을 설명한 후, 제한된 시간을 정해놓고 참석자들에게 의견을 얘기하라는 회의에서 중요한 의사결정이 제대로 이루어질 수 있을까?

다수의 국정현안은 55대45 등 근소한 차이로 양론이 대립될 수밖에 없고 최종선택이 용이하지 않다. 그런데 지도자가 일장

훈시한 후 현안 의제를 토론에 부친다는 것 자체가 무의미한 경우가 다반사이다. 중요한 시책일수록 지도자는 치열한 논쟁 속에서 드러나는 진솔한 입장을 경청하면서, 어느 입장이 상대적 우위가 있는지를 판별하고 난후 최종 입장을 도출하려는 고뇌에 찬 과정에 익숙해야 한다. 이 과정에서 지도자의 공적 권위에서 자유로운 조언자들의 입장을 사전에 경청하고 방향의 실마리를 찾아내려는 노력을 기울여야 한다. 자기중심적 선부른 신념이나 사회화 과정에서 형성된 선입견을 시정·견제해 줄 수 있는 냉정한 조언이야말로 균형감 있는 정책결정을 뒷받침해주는 근간일 수 있다.

자신이 모든 면에서 우월하다는 환상에서 벗어날수록 긴요한 인재를 활용할 수 있고 「좋은 결정」으로 귀결될 확률이 높다. 지도자가 말수를 줄여 자신과 다른 의견을 수용할 수 있는 여백을 만들어내는 숨은 지혜도 간과해서는 안 된다. 지도자가 스스로 「B등급」으로 자처하고 각 분야의 「A등급」인재가 참여할 수 있는 분위기를 조성한다면 전체시스템의 역량을 「A등급」으로 향상시킬 수 있다는 평범한 진리를 체화해야 한다.

08

팀플레이 주도하는 리더

- '자신이 완벽하다'는 리더의 믿음은 허구
- 팀의 역할이 '결정의 균형' 이루게 해
- 지도자 의중에 동조하려는 행태 거리두어야

필자는 1990년대 중반, 영국 옥스퍼드 대학이 주관하는 「리더십 포럼」에 참가할 기회를 가졌다. "불완전한 사람들이 모여서 완벽한 팀을 만들어야 한다(Imperfect people can make a perfect team)."는 포럼의 캐치프레이즈를 접하면서 생소함을 떨치기 어려웠지만 곧 리더십의 본질을 깨우치는 계기가 되었다.

포럼 좌장은 「완벽하다고 자처하는 사람들이 모여 불완전한 팀을 이루는 현상(Perfect people try to make an imperfect team)」을 타파하는 것이 「완벽한 팀을 이루는 첩경」이고 「리더에게 안겨지는 고유의 책무」라면서 이 과정에서 가장 경계해야 할 것은 「자신이 완벽하다고 믿는 것」이라고 지적했다.

현실의 정치과정에서 이러한 교훈이 얼마나 통용될까? 우리나라 대통령제하에서 팀플레이 정신에 충실한 정치지도자가 출현할 수 있을까? 복잡다기한 국정운영의 방향을 설정하고 주요 정책을 결정함에 있어 단일의 모범답안이 존재하기 어렵다. 늘 상대적 우선순위를 탐색하고 국가이익의 최대공약수를 도출해야 하는 어려운 상황에 적절히 대응할 완벽한 자질과 준비를 갖춘 지도자가 존재할 수 있을까?

대통령 당선을 가능하게 한 특별한 계기와 자질이 있었다고 해도, 그것이 결코 보편적(general) 역량을 보장하는 것이 아니다. 남들이 따라갈 수 없는 특별한 장점이 있다고 해도 그러한 장점의 이면에는 취약점이 자리 잡고 있다는 점을 지도자 스스로가 깨달아야 한다. 모든 인간사가 그렇듯이 인간의 약점과 강점은 동전의 양면과 같다. 잘난 면이 있으면 당연히 부족한 측면이 있을 수 있다는 평범한 사실이 바로 팀플레이의 필연성을 웅변해 준다.

리더 자질의 요소로 꼽히는 과단성과 신중함만 해도 많은 경우 서로 양립하기 어렵다. 사회정의 실현 · 공정한 법질서 유지 등 그야말로 근원적인 가치실현에 있어서는 과단성이 긴요한 덕목임이 분명하지만 복잡다단한 대외관계에서 국가이익을 추구하는 과정에서는 어려움을 자초할 수 있다. 이럴 때 더없이 신중한 참모의 역할이 최종 결정의 균형추를 바로잡을 수 있다는 사실을 간과해서는 안 된다.

G7 문턱에 다가서고 있는 우리나라의 위상에 비추어 외교·안보 영역, 국제경제 영역의 수장이야말로 선출직 공복의 권위에 못지않게 국제적 신인도와 탁월한 교섭력을 갖춘 인재가 정부의 핵심 팀워크의 주축을 이룰 수 있도록 만전의 노력이 투입되어야 한다. 외교안보영역과 국제경제영역에서는 당선기여도나 당파적 성향이 고려될 여지가 없고 철저히 「객관적 역량」에 따라 발탁되어야 한다는 점에 대해 정치권이 한마음이 되어야 한다.

「기본소득」의 내용을 깊이 알아야, 아니면 「기본소득」 주장의 문제점을 정확히 파악하고 있어야 지도자의 요건을 갖춘 것이 아니다. 이 제안이 시대정신에 부합하는지, 이를 뒷받침할 추가적 조세부담이 국민경제의 성장과 양립하는지, 경제적 강자의 공감을 얻을 수 있는지를 경청과 소통을 통해 흐름을 조율하는 것이 최종 결정자의 몫이다.

최고 권력이 형성되면 지도자의 의중에 동조하려는 본능적 행태가 만연한다. 지도자는 자신의 선입견을 배제하고 자신과 다른 입장에도 진정성 있는 경청의 자세를 취함으로써 자신의 심기를 과도하게 의식하는 권위주의적 결정패턴에서 과감히 벗어나야 한다. 그럼으로써 팀플레이의 근간을 확립하려는 겸허함과 포용의 자세를 견지해야 한다. 이를 위해서는 심층협의와 결정과정에서 자신의 프리미엄을 줄이고 1/n의 몫을 자청하며 결론을 도출하는 깊은 지혜가 긴요하다.

09

'다수의 유혹'에 거리 두는 리더의 고뇌

- 여과 없는 이해당사자 여론수렴은 정책 실패의 여지

선출직 공무원의 뿌리가 선거에 있는 만큼 국민여론에 귀를 기울이고 민감하게 대응하는 것은 자연스러운 일 일수 있다. 다수 국민이 원하는 방향으로 법령을 제정하고 정책을 조율하는 것이 민주적 정치 과정이라는 사실을 부인할 수 없기 때문이다.

하루가 멀다 하고 쏟아져 나오는 여론조사 결과는 대통령을 포함한 선출직 공무원들이 주목할 수밖에 없다. 국민여론과 여론조사 결과를 중시하는 것이 공직자의 당연한 자세임에도 여론을 해석하고 정책의 방향을 정립하는 데에는 조사 결과에 대한 일정 수준의 여과와 심도 있는 냉철한 평가가 수반되어야 한다. 이 과정에서 여론조사 결과의 수용이 국정운영의 근간이 되는 기본가치를 손상케 하는 것은 아닌지, 국민들의 감성적 대응이 여론에 투영된 것은 아닌지, 혹시라도 특정이익이 보편적 국민이익으로 포장된 것은 아닌지, 주도면밀한 분석과 평가 작업이 이루어져야 한다.

행정부를 총괄하는 대통령의 경우 이러한 엄중한 책무의 최전선에서 막중한 결정에 임해야 하는 만큼 가혹한 수준의 어려움에 늘 직면하게 된다. 이러한 책무를 지닌 대통령은 여론을 중시하여야 하지만 그러한 가운데에도 국가안위와 국가경쟁력을 좌우하는 주요 정책의 결정(positioning)에 있어서는 국정수반으로써 견지해야 할 핵심가치를 결정의 우선변수로 삼는데 주저해서는 안 된다.

국회의원의 경우, 다음 선거와 유권자를 의식해 우선순위 선택에 있어 가변적일 수 있고 핵심가치추구에 미온적 태도를 보일 수 있지만, 단임 임기의 국정책임자는 여론의 향배를 뛰어넘어 국가 핵심가치를 보위함에 있어 원숙한 지도력을 발휘해야 한다.

만일 정부가 불가피하게 증세를 구상한다고 할 때, 이를 여론조사에 붙여 의견을 수렴하면 일단 부정적 기류가 대세를 이룰 것이다. 국민경제적 위기에 대응하기 위해 증세의 불가피성이 입증된다고 해도 부정적 분위기를 조율하는 일은 결코 용이하지 않다. 반면 감세를 추진한다고 하면 국민 여론은 우호적일 수 있으나, 그 내용에 부자감세가 포함된다면 또 다른 부정적 논란을 야기할 수 있다.

주변 4대 강국을 둘러싼 대외관계의 정책기조를 여론조사를 통해 국민적 정서를 파악한다고 해보자. 상당수 국민들이 인접 국가와의 관계에서 우리의 본질적 국가이익의 소재를 냉정하게 판별하여 어떻게 미래지향적 관계로 진전시킬 것인가에 대한 입장이 견고하지 않다면, 여론을 통한 국가정책 목표의 수렴은 난관에 부딪힐 소지가 높다. 일본과 미래지향적 공통 이익을 추구하려는 과정에서 일부 국민 또는 일부 정치권의 반일 정서로 인해 여론의 우호적 지지를 얻기가 용이하지 않기 때문이다.

이런 점을 감안할 때 본원적 국가이익과 관련된 핵심 과업을 추진하는 과정에서 대통령의 성숙되고 일관된 의지는 대체할 수 없는 국가자산이라고 볼 수 있다. 이러한 의지를 실현하는 과정에서 정치권의 공감을 얻기 위한 최선의 노력을 기울이고 아니면 최소한 반대의 예봉을 누그러뜨리는 노력에 심혈을 기울여야 한다. 설령 야권의 정치적 입장이 불변이라고 할지라도, 설득하고 공감을 도모하려는 진정성 있는 노력을 상당수 국민들이 지켜보고 있다는 사실에 유념할 필요가 있다.

비교적 지엽적인 정책의제를 예로 들어보고자 한다. 노무현 대통령 취임 직후인 2003년 3월경, 대통령 민정수석으로부터 면담 요청을 받았다. 그날의 면담 요지는 기획재정부가 관장하는 「정부투자기관 경영평가제도」의 폐지를 노조가 건의해 왔는데, 「평가단장의 입장에서 어떤 생각인가」였다. 눈코 뜰 새 없이 분

망한 취임 초에 그렇게 우선순위가 높아 보이지 않은 의제에 대해 의견을 구한 것은 아마도 정권 창출에 기여한 노총지도부의 건의를 받았기 때문이었다.

필자는 경영평가제도가 우리나라 공기업의 국민경제적 성과를 향상시키는데 상당 수준 기여했다는 점을 단호하게 지적했다. 만일 경영평가제도의 존폐에 관해 대상기관인 공기업 구성원 또는 노동조합원들에게 여론조사를 통해 의견을 구한다면 90%가 폐지에 찬성했을 것이다. 그 후 4년이 지난 2006년 연말경 기획예산처(장관 장병완) 주도하에 기존 「정부투자기관관리기본법」을 「공공기관의 운영에 관한 법률」로 개정하면서 공기업 평가제도의 대상 영역과 평가 방식이 오히려 강화되었다.

만일 대학 교수들의 정년보장제도의 내실화를 보강하기 위해 보다 엄격한 개선안을 해당 교수들에게 묻는다면 대부분이 새로운 제도 도입에 반대할 것이다. 쉽게 말해서, 「이해당사자의 의견수렴」을 기준으로 제도의 존치여부나 개선방향을 판단한다면 쟁점사안이 소위 「다수결원칙」에 의해 쉽게 재단되어질 위험을 안게 된다. 그러기에 제도적 장치로 인해 부담을 겪게 되는 수요자들을 대상으로 존폐 여부를 묻는 과정은 항상 「보편적 이익의 상실」 위험에 직면할 수 있다는 점에서 신중한 접근이 필요하다.

10

객관적 정보의 확인 시스템과 「check & balance」 주력

- 제약 요소의 확인과 극복 대안의 마련

국정책임자는 연속적으로 주요 결정에 직면한다. 다수의 참모와 입안자들이 제안하고 책임자가 확신을 갖고 있는 사안은 결정과정이 단순하다. 그대로 확인하고, 부수적 문제점에 대한 대책을 지시하며, 집행의 수순을 밟으면 된다. 문제는 국가의 대외적 위상과 국민경제 · 국민생활에 직결된 주요 사안이면서 찬성 · 반대 입장이 양립되어 있고, 각기 그 근거가 뚜렷할 때 최종 입장을 정리하고 결정으로 귀결시키는 일련의 과업이야말로 리더십의 요체라고 말할 수 있다.

최종 결정에 이르는 과정에서 우선적으로 갖추어야 할 필요조건은 제안되었거나 검토되어야 할 주요 의제에 관련된 명확한 정보를 확인하는 노력이다. 정보의 수집과 분류, 해석도 사람이 하는 일이라 늘 해석과 판단의 오류가 뒤따를 수 있다는 사실을 간과해서는 안 된다. 외국 국가지도자의 우연한 언급에 대한 해석도 매체에 따라 각양각색일 수 있고 왜곡된 보도 내용에 대해 왈가왈부하는 일이 비일비재하다. 이런 점에서 명확한 정보 확인은 사실상 결정과정의 선행 변수 일뿐만 아니라 최종 결정의 향배에도 큰 영향을 준다는 점에서 신중하고 치밀하게 이루어져야 한다.

중요한 것은 최초의 보고자가 객관적 상황에 대한 기본 인식 역량을 갖추고 냉정함을 잃지 않아야 한다. 그럼에도 이어지는 확인 과정에서 특정인의 선입견이나 기존 이익에 의거한 경직적인 판단, 그리고 정치적 · 사적 이해관계에 좌우될 수 있는 여지를 배제할 수 있는 투명하고 객관적인 시스템의 구축과 내부의 조직문화가 자리 잡아야 한다. 특히 국가 안보와 관련된 대외 부분, 국가 경쟁력을 좌우하는 의제의 경우 사전적인 객관적 정보 확인이 최종 결정에 미치는 핵심요소인 만큼 리더의 의연함과 냉철한 의지가 더할 나위 없이 중요한 변수의 하나로 작용할 수 있다.

과다한 정보량이 집중되는 최고결정자가 동일 사안에 관한 다양한 정보의 객관성과 우선순위를 판별하여 최종 결정의 판단자료로 활용할 수 있도록 정보의 취합 · 선별 · 보고를 신뢰 있게 관리할 수 있는 체계적 시스템의 구축은 물론이고 내부 참모간 선의(善意)의 「상호 견제와 균형(check and balance)」이 이루어질 수 있는 내부 분위기의 형성이 긴요하다.

주요 결정에 있어 「객관적 정보의 확인」 못지않게 고려해야 할 요소의 하나로서 최종 결정 여부를 판단함에 있어 "새로운 결정이 안고 있는 제약요소"를 찾아내고 이를 극복하는 방안을 강구하는 것이다. 제약요소로서 흔히 검토되는 것은 새로운 제안의 실행을 가능하게 할 수 있는 새로운 재원의 확보 여부와 법적 조건을 구비하고 있는지에 국한되지 않고 새로운 제안으로 인해 타격을 받는 기존 이해당사자, 그리고 이념적 명분을 걸고 반대하는 일부 국민 등을 들 수 있다.

흔히 새로운 제안이 이루어질 때에는 긍정적 측면이 부각된 나머지 그러한 제안이 실행되면 바람직한 결과를 창출한다는 시각이 내재되어 있다. 물론 긍정적 측면의 성과가 예견되지만, 그러한 성과를 이루어내는 과정에서 제약요소들이 잠복해있다는 사실을 간과해서는 안 된다. 만일 제약요소를 해결할 수 있는 명분과 구체적 대안이 마련되지 않는다면 새로운 제안은 실행단계에서 유명무실해질 수 있다는 사실을 간과해서는 안 된다.

어떤 학자는 "결정의 본질은 제약점을 찾는 것이고 이를 극복할 유효한 대안을 찾아내지 않으면 새로운 결정은 무의미하거나 반감되는 것이다"라고 지적한다. 중대한 결정일수록, 그러한 결정이 내포하는 제약점을 어떻게 극복할 수 있을지 현실적 대안을 강구해야 한다. 이러한 대안이 가동할 수 있는 조건을 구비하고 최소한의 공감대가 형성될 때, 그 결정이 당초의 정책목표대로 전개될 수 있다는 점을 핵심 공직자들은 늘 염두에 두어야 한다.

11

중립적 관료제의 권위 존중

대통령을 포함한 선출권력은 수십만 직업공무원을 통해 국정을 운영한다. 공직에 대한 인사와 지휘는 선출권력의 몫이라는 사실은 명백하지만 여기에는 분명 절제와 한계가 내포되어야 한다. 선출직 지도자는 오랜 경험을 통해 해당 분야에서의 전문기초역량을 축적한 직업 관료제를 선출직 공직자의 기계적 하부구조로 이해하지 말고 지속적 국가 시스템의 핵심 구성요소라고 인식할 필요가 있다.

일부 정치권에서 자신이 추구하는 정책을 둘러싸고 직업공무원의 반대에 부딪히거나 진전이 소홀할 때 국가권력의 본류(本流)인 선출권력의 시책에 「반기를 든다」, 「임용직 공직자가 무사안일하다」라고 비난하는 경우를 종종 목격할 수 있다. 그러한 비판이 관료제의 무능과 자기이익 추구에 뿌리를 두고 있다면 정책목표에 접근하는 과정에서 장애요인으로 지적하고 개선을 촉구할 수 있다. 그러나 한쪽만 보지 않고 양쪽을 함께 바라보는 균형과 절제의 타이밍을 갖는 것이 긴요하다. 왜냐하면 관료제의 입장에는 분명 명분과 근거가 존재하기 때문이다. 설령 관료제가 자기 목적에 경도되어 있다는 오해가 존재한다고 하더라도 관료제가 이의를 달을 때에는 거기에는 「공적 가치」라는 나름의 기준이 잠복되어 있다는 점을 결코 과소평가해서는 안 된다. 사실상 관료제의 무사안일과 자기보호 본능은 선출권력의 과도한 책임추궁이 그 원인의 일부가 되어 왔다는 점을 고려해야 한다. 정권의 목표에 관료제의 행동양식을 일체화하려는 시도는 주기적 정권교체가 이루어지는 정치환경에서 후일, 또 다른 어려움을 안겨줄 수 있다는 문제점을 지나쳐서는 안 된다.

선출직 공직자는 이런 상황에서 관료제를 설득하고 공감영역으로 유도하는 노력은 물론이고, 관료제의 진의를 더욱 파악해 예기치 않은 내면의 문제점을 조율하려는 개방적 자세가 긴요하다. 더 나아가서 정책목표의 설정과 핵심 정책수단의 선택에 있어서는 선출직 책임자의 몫이 크지만 실제의 집행 과정에서는 관료제의 이해와 실행력이 수반되어야 소기의 목표에 다다를 수 있다는 사실을 간과해서는 안 된다. 어떤 측면에서는 「선출권력의 원천적 권위」를 확립하기 위한 또 다른 권위의 하나로써 「중립적 관료제의 전문성과 실행력」의 활용이라는 점을 깊이 헤아릴 필요가 있다.

12

임기종료 앞둔 「객관적 자기평가」

- 성과나열 벗어나 냉철한 자기평가 실행
- 차기정권 정책실패 줄이는 제언 긴요

대통령 등 삼부 요인은 물론이고 임기직 공공기관의 장들은 임기종료를 앞두고, 재임 중의 성과를 객관적으로 진단하여 잘된 점과 미흡하거나 시정되어야 할 일, 그리고 다음 임기를 물려받을 팀이 이어나가야 할 의제를 정리하여 기록(terminal paper)을 남기는 원숙한 전통이 수립되어야 한다.

특히 임기 중 국가와 국민의 공통 이익실현을 위한 무한책임을 위임받은 선출직 공복은 임기를 마치기 전, 다음 선거를 통한 정치적 평가에 앞서 자신의 행정부가 추진했던 정책과 집행에 대한 객관적이며 냉정한 진단 · 평가를 차기정부에 넘겨주어야 한다. 스스로 공과(功過)를 진단하고 이를 천명하는 것이 '국민으로부터의 권한 위임'에 대한 자연스러운 응답이라고 생각해야 한다.

어떤 정부도 허물이 있게 마련이고 완벽할 수는 없다. 준비 부족, 섣부른 편견과 선입견, 과도한 의욕, 그리고 시스템 역량의 미진 등으로 인해 정책 실패가 야기되었다면, 이를 인정하고 차기정부가 신속히 시행착오를 줄일 수 있도록 자기성찰을 주저하지 말아야 한다. 이 점을 부담스럽게 생각하면 안 되고, 그런 노력을 기울이지 않는 것이 오히려 '자기방어'에 집착하는 모습으로 비추어질 수 있다는 점을 감안해야 한다.

"우리가 시행한 정책이 목적은 옳았지만 집행 과정에서 예기치 못한 시행착오가 있었다" 등의 자기 정당화식 자세는 자제하면서 냉정한 자기평가를 단행해야 한다. 제기되고 있는 비판을 정치적 이해관계의 차원으로 보지 않고, 백지상태에서 왜 비판이 제기되는지를 근원적으로 파악하려는 용기가 필요하다. 그동안 역대정권 임기 말에 나온 '국정성과보고'는 자랑거리를 나열하는 데 급급했고, 정작 '하려고 했는데 못했던 일', '했는데 잘못된 일', '개선 · 개혁이 시급한 과제', 그리고 '계속 이어나가야 할 일'을 밝혀주는 명실상부한 정책의 인수 · 인계는 부실했다.

임기종료를 앞둔 정부가 굳건한 자기성찰의 노력으로 정리한 진단 결과가 도출됨으로써 새정부의 인수인계 심도를 높일 수 있다는 사실을 간과해서는 안 된다. 객관적이며 미래지향적인 인수 · 인계의 전통은 사실상 단일 임기로 고정된 대통령제하에서 국가경쟁력을 향상시킬 수 있는 계기이고 정부역할의 진화를 촉발할 수 있는 원동력이 될 수 있다. 이를 위해서는 임기종료 6개월을 앞두고 여 · 야의 정치적 이해관계를 뛰어넘는 중립적이며 혜안을 갖춘 전문 인사들의 참여를 통해 현정부의 성과를 객관적으로 진단하고 이를 토대로 향후 정부 정책기조의 방향을 제시하는 노력이 가시화될 것을 제안한다.

가령, 당면한 국민적 요구에 부응하고 선거공약을 이행하기 위해 광범위한 재정확대 시책을 펼친 결과, 「재정수지 구조의 건전성이 악화되면서 방만한 재정운영이 초래되었음」을 냉정히 진단하고, 「이를 개선하기 위한 견고한 재정개혁 노력이 차기정부에서 진행되어야 한다」는 설득력 있는 자기평가는 분명 차기정권이 우선해야할 뚜렷한 메시지가 될 수 있다. 「원전 가동중단을 둘러싸고 찬 · 반 양론이 팽팽했지만 차기정부에서는 탈원전 기조에 대한 입장을 냉정히 재정립함으로써 혹시라도 야기될 수 있는 정책실패를 최소화하는 노력을 기울여야 한다」는 제언은 격조 높은 자기평가의 전범(典範)이 될 수 있다.

이러한 전통이 확립된다면 정부 정책의 시행착오를 조속히 치유하며 정책 실패를 줄일 수 있고, '국민을 위해 존재하는 정부'의 계속성과 경쟁력은 향상됨으로써 향후 정부의 역할이 시대정신에 맞게 진화될 수 있다. 대통령이 임기를 마무리하면서 마지막 정기국회나 신년기자회견을 통해 냉철한 '정책적 고해

성사'를 실행한다면 '한국의 정치적 권위와 국격'을 한 단계 높일 수 있는 기회가 될 것으로 믿는다.

5장

국가의 미래를 조망하는 국민의 눈

국민들은 대통령을 포함한 국정 리더가 이룩했거나 추구하고자 하는 공동체 핵심가치의 본질을 균형 있게 판단해야 한다. 이러한 과정에서 이분법적 구도로 긍정적 성과를 일방적으로 훼손하는 것은 국가이익을 심화시키는데 유익하지 않다. 설령 특정 대통령의 과오를 인정하더라도 이를 뼈아픈 역사적 교훈과 변화의 귀감으로 삼는 노력이 긴요하다.

국민이 국정 리더를 선출한다는 지극히 평범한 사실은 어떻게 보면 리더를 선택하는 과정에서 국민 각자의 엄중한 책무를 말해주는 것이다. 국가지도자를 선택할 때의 기준은 어떠한 것이 바람직할까? 여기에 기계적 모범답안은 존재하기 어렵다. 강점이 충만하고 단점은 전무한 리더가 존재할 수 있을까? 필자는 국가지도자를 선출할 때에는 안목과 역량 등 포지티브 측면의 강점이 우선해야 한다고 믿는다. 물론 약점을 인정하고 극복하는 노력이 배가 되어야 하지만, 국가운영을 조율하는 지도자는 특유의 강점을 지녀야 한다. 더 나아가서 지도자 개인의 강점에 국한하지 않고 지도자를 중심으로 인적 시스템의 경쟁력이 무엇보다도 중요하고 이를 가동하는 사람은 다름 아닌 국정 지도자라는 사실을 엄중히 인식해야 한다.

이러한 책무에 충실한 유권자가 많을수록 우리의 미래는 밝다. 국민들은 선택과정에서 다양한 요인에 영향을 받지만, 무엇보다도 시대정신을 구현할 안목과 역량을 갖춘 그릇인지, 특히 국가안위를 보장하고 국민경제의 지속적 성장 잠재력을 향상시키는데 누가 상대적 우위가 있는지 꼼꼼히 살펴봐야 한다.

01

국정 리더의 공 · 과(功過)를 균형 있게 바라보는 공동체의 지혜

북유럽 핀란드의 칼 구스타프 매너하임 장군은 1939년 열악한 군사력으로 소련의 60만 대군을 물리쳐 핀란드의 독립을 유지하는데 혁혁한 공을 세워, 오늘날까지도 핀란드의 국부로 추앙되고 있다. 아이로니컬하게도 러시아가 핀란드를 지배하던 시기에 러시아 장군으로 승승장구했었지만, 핀란드가 자치권을 회복한 뒤에는 핀란드 영토 보존을 위해서 자신이 충성했던 러시아에 총부리를 겨누어야 하는 운명이었다. 핀란드 사람 누구도 핀란드의 종주국이었던 러시아에 대한 헌신과 충성을 이유로 스웨덴 귀족 후손인 매너하임 장군을 폄하하지 않는다고 한다. 만일 우리나라에서 이런 유형의 인물이 있었다면 어떤 양상이 전개되었을까?

누구를 좋아하고 싫어하는 것은 개인의 '선호 영역'이기에 객관적 기준을 강요할 수 없는 문제다. 다만 공적 영역에서 국민적 관심의 대상이 되는 인물에 대한 역사적 평가는 개인적 호(好)·불호(不好)의 차원을 떠나 객관적 기준에 의거하여 냉정히 공·과를 균형 있게 바라보는 것이 공동체의 지속적인 가치 축적에 부합하다고 볼 수 있다.

이승만 대통령, 박정희 대통령 등에 대한 역사적 평가를 둘러싸고 첨예한 대립과 갈등이 가라앉지 않는 우리의 현실이 안타깝기만 하다.

어떤 인간을 막론하고 밝은 면과 어두운 면이 공존할 수밖에 없지만 공인의 경우 사회화 과정의 배경이나 권력 장악의 과정, 그리고 결과에 대한 긍정적·부정적 요소가 양립함으로써, 찬사와 비판이 교차하는 것은 자연스러운 일이다. 문제는 공·과를 함께 보면서 그 인물이 이루어낸 역사적 성과를 수용하는 큰 흐름의 평가가 주종을 이루어야 한다는 점이다. 분명 해당 인물의 부정적 측면을 간과해서는 안 되지만 어디까지나 공동체의 가치 창출을 이룩해 낸 역사적 성과를 기준으로 판단하는 균형된 접근이 중심축을 이루어야 한다.

이러한 접근 과정에서 획일화된 이분법적 평가로 경도되는 것은 바람직하지 못하다. 왜냐하면 긍정적 평가에 부정적 요소가 혼재되어 있는 상황에서 부정적 측면을 일반화하여 총괄적 평가로 귀착시키는 것은 공적 인물에 대한 역사적 의미를 폄하

할 수 있는 우려가 크기 때문이다. 주변 초강대국 틈바구니에서 항시 치열하게 국가이익을 방어 · 확대해야 하는 우리나라에서, 주요 인물에 대한 평가를 자신의 정치적 선호와 이념적 지향에 따라 친일 · 반일, 친중 · 반중의 획일화된 이분법 구도로 채색하는 것은 우리의 국가이익 추구에 도움이 되지 않는다는 사실을 직시해야 한다.

이승만 대통령의 경우 장기집권에의 집착과 3·15 부정선거라는 역사적 과오를 지나칠 수 없지만, 1948년 「한반도의 유일한 합법정부」라는 UN 결의안을 이끌어내고 민주공화국 대한민국을 출범시킨 후, 6·25 남침을 극복, 1954년 한 · 미상호방위조약의 성사를 통해 굳건한 안보체계를 확립함으로써 대한민국의 초석을 다졌다는 부인할 수 없는 국가적 성취를 수용하는 용기가 필요하다. 박정희 대통령 역시 「군사정변을 통한 정권 장악과 장기집권 과정에서의 헌정 파괴」라는 민주주의 가치를 훼손한 정치적 과오를 부인할 수 없으나, 20년간 지속적 산업화를 통한 경이적 경제발전의 궤적을 이룩했다는 사실을 수긍해야 한다. 일제강점기 청년 시절 만주군에 복무했던 사실이 해방 후 국군 지휘관으로 낙동강 전선에서 북한군의 진격을 막는데 혼신의 노력을 기울인 '공적 가치'를 훼손할 수는 없다.

개인의 정치적 성향과 이념적 토대에 따라 역사적 인물에 대한 비판의 문은 열려 있더라도 큰 흐름 속에서 과오를 진단하고 역설적으로 이를 변화의 교훈으로 삼는 전통이 뿌리내린다면 빠른 속도로 글로벌 모범국가로 진입할 수 있다고 본다.

이러한 취지에서 민주주의 쟁취를 위해 청년 시절 많은 희생을 감수했던 세대마저 오늘의 대한민국에 이르게 한 인물들의 공·과를 함께 아우르는 '성숙된 포용력'이 확산되기를 기대한다.

02

시대정신 구현할 안목 · 역량 갖춘 그릇인지 철저히 보아야

미국의 부시 대통령이 2007년 9월 아시아태평양경제협력체(APEC) 정상회담에서 APEC을 OPEC(석유수출기구회의)으로 잘못 언급해 폭소를 자아내게 했다. 이에 그치지 않고, 오스트레일리아(Australia, 호주)의 이라크 파병에 감사의 뜻을 전하면서 오스트리아(Austria)로 칭하는 해프닝이 벌어졌다. 1987년 11월, 김영삼 총재의 대통령 후보시절 관훈클럽 토론회에서 '전술핵'에 관한 질문이 나오자 "원자로 말입니까"라고 확인하는 바람에 어색한 분위기가 연출되기도 했다. 대통령은 국정운영에 긴요한 기본적인 개념에 대해서 어느 정도 파악하고 있어야 한다는 다수 국민의 기대를 외면할 수는 없지만, 매 순간 모든 이슈에 통달하고 있어야 한다고 기대할 수는 없다. 특정 분야의 세부사항에 지엽적 오류가 있다고 해서 총체적 역량을 쉽게 평가절하한다면 주객(主客)이 전도될 수 있다.

대통령 후보자들의 토론과 현직 대통령의 회견과정에서 발생하는 말실수나 돌출 발언이 중대한 정책기조에 관한 사안이 아님에도 함량 미달로 비하하면서 자신의 정치적 존재감을 높이려는 행태는 지양되어야 한다. 국정 비전을 알리고 실천하는 국정 리더의 진정한 역할에 공감할 수 있는 공간이 훼손될 여지가 크기 때문이다.

백화점식 질문에 임기응변으로 대처하는 솜씨로 국정 최고책임자의 자질을 판단해서는 안 된다. 비록 일부 국민의 눈에는 세련되지 못했을지라도 국정의 흐름과 방향을 진정성 있게 정립하고 있는지, 이에 미진할 경우 심도 있게 파악하고 제시할 준비를 갖추고 있는지를 살펴보아야 한다. 국가운영의 미래 청사진에 대한 밀도 있는 '공론의 장'이 흘러간 과거 행적의 잘잘못을 둘러싼 책임공방에 가려져서는 안 된다.

대통령제라고 해서 대통령이 국정의 모든 판단과 결정을 주도하는 것은 결코 아니다. 대통령의 핵심 소임은 시대정신에 맞는 국정의 큰 흐름을 주도하면서 이를 실행할 역량 있는 인재를 발탁, 적재적소에 배치함으로써 「국가시스템」을 원활히 가동케 해야 하는 것이다. 이런 점에서 「국가시스템」을 원활히 가동할 수 있는 리더를 판별하는 것이 바로 국민의 몫이라고 볼 수 있다.

선거 경쟁 과정에서 유권자들은 후보자에 대한 감성적 판단을 절제하고 후보자들이 쏟아내는 '선심성 공약'에 일희일비해서는 안 된다. 특정 분야의 디테일한 관심에 경도되지 않고 종합적 국정운영의 틀 속에서 시대정신을 구현할 안목과 역량을 갖추었는지를 판별하는 자세가 긴요하다. 무엇보다도 다른 입장을 경청하고 이해하는 태도가 체화되어 있는지, 진정으로 협치를 통해 보편적 이익의 향상에 기여할 수 있고 균형감을 잃지 않는 국정의 조타수가 될 수 있는지를 면밀히 살펴보아야 한다. 평생 군에 복무했던 미국의 아이젠하워 대통령이 토론과정에서 우위를 점했던 민주당 스티븐슨 후보를 꺾고 백악관에 입성할 수 있게 한 동력은 늘 미소를 띠고 있지만 내면적으로는 담대한 외유내강형 성품에 더해 시대적 요구에 탄력적으로 부응할 줄 아는 「탁월한 균형감각」이었다는 사실을 눈여겨볼 필요가 있다.

유권자들은 상대방 깎아내리기, 말꼬리 잡기, 과거의 정치적 선택에 대한 책임공방을 뛰어넘어 <u>첫째, 급속히 재편되는 국제질서 속에서 국가안위를 보장하는 데 주력해야 할 국가비전과 전략의 우선순위를 제시하고 둘째, 선진국 문턱에 들어선 한국경제의 미래 경쟁력을 향상시킬 수 있는 정책대안을 밝히면서 셋째, 점증하고 있는 경제적 · 사회적 양극화를 완화함으로써 국민의 기본 삶을 향상시키며 미래를 짊어질 청년세대가 직면한 불확실성을 개선할 수 있는 정책방향을 제시하는 리더를 선택해야 한다</u>.

03

비전과 정책 통한 positive sum 지향

선거의 목표가 국가권력의 확보에 있는 만큼 집권의 당위성을 강변하고 상대방을 흠집 내는 시도는 선거 경쟁의 일반적 양상이다. 그럼에도 불구하고 후보 간 난타전이 '용인 한도'를 일탈하면서 국민들이 선택해야 할 비전과 좌표가 유실되어서는 안 된다.

내년 총선과 4년 후 치러질 대선에서는 향후 우리의 미래를 좌우할 국정 핵심 과업의 우선순위를 판별하기 위한 치열한 토론과 입장이 전개되어야 한다.

미국이 주도하는 태평양국가군과 권위주의 대륙국가 간 대결이 심화되어가는 구도 속에서 분단의 한계를 극복하면서 명실상부한 G7 글로벌 중추국가로 진입할 수 있는 우리의 국가 전략을 어떻게 모색할 것인지 여 · 야를 불문하고 기본 방향이 가시화되어야 한다. 국내부문에 있어서도 2010년대 들어서 비대해진 정부기구와 심화된 정부규제를 어떻게 풀어나가야 시장의 효율과 정부의 개입을 최적 수준에 도달하게 할 것인지 실효성 있는 대안이 제시되어야 한다. 현실성 있는 미래 대안을 제시하지 않고 단편적 지역 환심 사기나 퍼주기 약속에 매진하면서, 상대방 약점 잡기, 신상털기에 주력하는 양상이 선거 경쟁의 중심축이 된다면 국력 신장의 전기(turning point)를 놓칠 수 있다. 점차 심화되어가고 있는 소득계층별 경제적 불균형을 어떻게 완화할 것인지, 2023년 6월 말 기준 1천83조 원 수준의 국가채무를 어떤 기조하에서 관리할 것인지, 주요 현안의 중 · 장기 포지션이 설득력 있게 유권자에게 제시되어야 한다.

G7에 다가서고 있는 대한민국의 국격에 맞는 핵심 이슈가 선의의 경쟁을 통해 상대적 우위를 확인하는 명실상부한 '주권자의 선택' 과정이 되도록 공직 후보자들이 진정 국가경쟁력과 삶의 질 개선에 직결될 수 있는 견고한 방향을 제시하는 노력이 긴요하다.

선거 과정에서 패배하면 우리가 가진 모든 것을 잃는다는「전부 아니면 전무(All or Nothing)」라는 극단적 진영논리는 배격해야 한다. 선거에서 승리해 새 정부가 출범한다고 해도 기존의 국정 시스템이 전적으로 새롭게 출발하는 것이 아니고, 국운(國運) 상승의 연속선상에서 타협과 합의를 통해 이루어진다는 사실을 유념해야 한다.

미래의 국정 리더는 어떤 선거 결과가 나와도 마이너스

(negative sum)의 함정에 빠지지 않고 공동체의 가치증대(positive sum)에 뚜렷이 기여할 수 있는 협치와 포용의 대승적 자세를 견지해야 한다. 만일 통합과 포용의 자세가 결여되면서 '진영의 수장(首長)'으로의 당파적 조명에 기울어지면 선거 후의 국정운영은 또다시 진영논리에서 벗어나지 못하고 선거를 거듭할수록 국론분열 양상은 심화될 수 있다. 시대정신을 수용할 핵심 국정방향을 제시하면서 자신에게는 엄격하고, 상대방에게는 관대한 '신뢰받는 국정 운영'의 자세는 positive sum으로 귀결될 수 있다.

〈참고 문헌〉

오연천, 『강한 시장과 건강한 정부』, 올리브엠엔비, 2009.

오연천, 『대학이 희망이다』, 서울대학교출판문화원, 2014.

오연천, 『함께하는 긍정』, YBM, 2016.

오연천, 『결정의 미학』, 21세기북스, 2016.

오연천, 『결정의 리더십』, 21세기북스, 2016.

오연천, 『국가재정의 정치경제학』, 21세기북스, 2017.

오연천, 『긍정과 도전의 길』, UUP, 2022.

오연천, 「함께하는 긍정」 칼럼, 한국일보, 2020.02.09.~2022.01.24.